COME SCEGLIERE IL NOME?

Guida Pratica per Futuri Genitori

Il Potere dei Nomi: Un Viaggio Filosofico nell'Arte di Scegliere

Nella narrazione senza fine della vita, un capitolo fondamentale scritto sin dai primi attimi è quello legato al nostro nome. Il processo di assegnare un nome a una nuova vita è un atto intrinsecamente filosofico, un'indagine profonda che attraversa le epoche e le culture. Scegliere un nome non è semplicemente un atto di etichettatura, ma un'investitura di identità che plasmerà il corso dell'esistenza stessa.

La Filosofia dell'Identità

L'identità umana è tessuta nei fili invisibili dei nostri nomi. Nel corso dei secoli, filosofi, pensatori e poeti hanno esplorato l'essenza di ciò che significa essere chiamati in un certo modo. Platone considerava il nome come un richiamo all'anima stessa, mentre Socrate sosteneva che un nome dovrebbe incarnare la nostra natura più profonda. Aristotele, d'altra parte, vedeva il nome come un'etichetta pratica, una convenzione sociale utile ma non intrinsecamente collegata all'essenza individuale.

L'Arte della Scelta

La scelta di un nome è un'opera d'arte, un'affascinante fusione di creatività e responsabilità. È come plasmare una scultura che durerà nel tempo, una tela su cui dipingere il quadro di un destino. I genitori, in questo atto di creazione, si ergono come artisti, dando forma a un'identità che si svelerà gradualmente nel corso della vita. La ricchezza semantica di ogni nome è un universo di significato, una poesia incisa nella realtà.

Nomi come Portatori di Storia

Ogni nome è una breccia nel tessuto del tempo, portatrice di una storia che può risalire a generazioni passate. Nella scelta del nome, ci connettiamo a una catena di esistenze precedenti, siamo gli eredi di tradizioni, valori e storie. Questa continuità storica, trasmessa attraverso il nome, ci lega al passato e apre finestre sul futuro.

Il Nome come Riflesso della Società

L'atto di nominare è anche un riflesso della società in cui viviamo. Ogni epoca ha i suoi nomi iconici, riflettendo i valori, i movimenti culturali e le tendenze dell'epoca. In un'era di rapidi cambiamenti sociali, i nomi diventano specchi della nostra attuale comprensione di diversità, uguaglianza e inclusività.

Nomi come Guida del Destino

Nei racconti mitologici e nelle epopee antiche, il nome assume spesso un potere magico. Sapere il vero nome di una creatura o un dio conferisce un controllo supremo. Sebbene nella realtà non deteniamo il potere magico dei miti, il nostro nome è comunque un faro nel nostro viaggio esistenziale. Inciso nelle cronache ufficiali e nella memoria di chi ci conosce, il nome diventa una guida, una costante che ci accompagna attraverso le avversità e le trionfali vittorie della vita.

La Libertà di Rinascere

Inoltre, il nome può essere una chiave per la nostra evoluzione. In diversi momenti della vita, possiamo sentirne il richiamo a un cambiamento. Rinunciare al nome d'origine o adottarne uno nuovo è un atto di rinascita, una dichiarazione di autenticità contro il peso delle aspettative altrui. È un'invocazione della libertà di essere e diventare chi realmente siamo.

Il Nome come Melodia

Infine, il nome è una melodia, una sinfonia di suoni che accompagnano ogni passo del nostro percorso. La sua musicalità può influenzare la percezione di chi siamo, creando un'armonia o una discordia con il nostro essere interiore. Come una nota nella grande sinfonia dell'esistenza, il nostro nome si unisce agli altri per creare una composizione unica e inimitabile.

In conclusione, la scelta di un nome è un'odissea di significati, una danza tra il sacro e il quotidiano. È un impegno eterno, una dichiarazione di identità e una proclamazione della nostra esistenza nel vasto teatro dell'universo. Scegliere saggiamente è un'arte, poiché nei nomi risiede la magia di definire chi siamo e chi possiamo diventare.

Le descrizioni etimologiche e del significato possono essere soggette a variazioni temporali e/o culturali, nonché a interpretazioni personali. Il significato di un nome può evolversi nel corso del tempo e può assumere sfumature diverse in base al contesto culturale e alle esperienze individuali. Mentre l'etimologia ci offre una radice storica, le interpretazioni moderne possono divergere, aggiungendo nuovi strati di significato o reinterpretando antiche connotazioni.

Inoltre, la percezione di un nome può essere influenzata dalle tendenze sociali e dalla popolarità del momento. Ciò che era una scelta comune in un'epoca potrebbe acquisire nuovi significati o connotazioni in un contesto più contemporaneo. È importante considerare anche il contesto culturale in cui un nome viene utilizzato, poiché ciò può modellare ulteriormente la sua interpretazione.

Infine, la bellezza di un nome risiede spesso nella sua versatilità e adattabilità. Ogni individuo porta con sé la propria interpretazione e connessione emotiva al proprio nome o a quello degli altri. Quindi, mentre l'etimologia e il significato forniscono un punto di partenza, la ricchezza di un nome può essere pienamente compresa solo attraverso le esperienze e le storie uniche di coloro che lo portano.

Consigli Pratici per Scegliere un Nome

La scelta di un nome è un atto di amore e di speranza, un primo regalo significativo che i genitori offrono al loro bambino. In questo capitolo, esploreremo vari aspetti da considerare per selezionare un nome che sia non solo bello ma anche significativo e appropriato.

1. Armonia del Nome con il Cognome

- Il nome e il cognome devono fluire bene insieme. Evita combinazioni che possano creare giochi di parole involontari o che siano difficili da pronunciare. Prova a dire il nome completo ad alta voce per sentire come suona.

2. Significato del Nome

- Ogni nome porta con sé un significato. Alcuni genitori scelgono nomi che riflettono qualità che sperano di vedere nel loro bambino, come 'Aurora' (alba) per una nuova inizio, o 'Leonardo' (forte come un leone) per la forza. Ricerca il significato dei nomi che ti interessano per assicurarti che rispecchino i tuoi desideri e i tuoi valori.

3. Origini e Tradizioni Culturali

- Considera le origini culturali del nome. In molte culture, è comune dare nomi che onorano antenati o che rispecchiano importanti tradizioni familiari. Assicurati anche di comprendere e rispettare il contesto culturale da cui proviene un nome, specialmente se è al di fuori della tua cultura di origine.

4. Unicità vs. Popolarità

- Mentre alcuni genitori preferiscono nomi unici per far distinguere i loro figli, altri optano per nomi più tradizionali e popolari per facilitare l'integrazione sociale. Considera l'equilibrio tra unicità e popolarità, pensando a come il tuo bambino si sentirà nel crescere con quel nome.

5. Considerazioni Pratiche

- Pensa alla facilità di pronuncia e di scrittura del nome.
- Considera le possibili abbreviazioni e soprannomi.
- Valuta l'impatto potenziale del nome sulle future interazioni sociali e professionali del tuo bambino.

6. Ascolta il Tuo Cuore

- Infine, ascolta il tuo istinto. A volte, il nome 'giusto' è quello che semplicemente si sente perfetto per te e per il tuo bambino, indipendentemente dalle mode o dalle aspettative esterne.

La scelta di un nome è un viaggio personale e unico per ogni famiglia. Con questi consigli, speriamo di aver fornito strumenti utili per aiutarti a trovare il nome che meglio si adatta al tuo bambino, riflettendo amore, identità e speranza per il futuro.

NOMI MASCHILI

A

1)   **Aaron:** Di origine ebraica, significa "montagna" o "illuminato".

2)   **Abramo:** Di origine ebraica, significa "padre di molti" o "padre delle moltitudini".

3) **Achille:** Di origine greca, è legato al mito di Achille, un eroe della guerra di Troia noto per la sua forza.

4) **Adam/Adamo:** Di origine ebraica, significa "uomo" o "terra rossa", facendo riferimento alla creazione dell'uomo dalla polvere secondo la Bibbia.

5)   **Adelio:** Di origine latina, significa "nobile" o "di alto lignaggio".

6)   **Adolfo:** Di origine germanica, significa "nobile lupo" o "nobile coraggioso".

7) **Adriano:** Di origine latina, deriva da "Hadrianus" e significa "appartenente ad Adria" (città nell'attuale Italia).

8) **Afro:** Di origine latina, significa "bianco" o "puro".

9)   **Agostino:** Di origine latina, significa "consacrato" o "venerabile".

10) **Agrippa:** Di origine latina, è un nome romano che potrebbe significare "che ha i piedi ben piantati".

11) **Aimone:** Di origine germanica, significa "casa" o "dimora".

12) **Akira:** Di origine giapponese, significa "luminoso", "chiaro" o "intelligente".

13) **Alan:** Di origine celtica, significa "piccolo roccioso" o "piccola roccia".

14) **Alarico:** Di origine germanica, significa "sovrano di tutti" o "regale".

15) **Alberto:** Di origine germanica, significa "nobile" o "illustre".

16) **Albino:** Di origine latina, significa "bianco" o "lucente".

17) **Alcide:** Di origine greca, significa "forza" o "potenza".

18) **Aldo:** Di origine germanica, significa "vecchio" o "anziano".

19) **Aleandro/Alessandro:** Di origine greca, significa "protettore degli uomini" o "difensore del popolo".

20) **Alessio:** Derivato da Alessandro, ha un significato simile.

21) **Alex:** Una forma abbreviata di Alessandro, con lo stesso significato.

22) **Alfio:** Di origine greca, significa "amico dei cavalli".

23) **Alfonso:** Di origine germanica, significa "nobile e pronto" o "pronto per il combattimento".

24) **Alfredo:** Di origine germanica, significa "consiglio elfico" o "saggio".

25) **Alighiero/Alighiero:** Di origine germanica, significa "esercito" o "guerriero".

26) **Aloisio:** Di origine germanica, significa "famoso in battaglia" o "guerriero famoso".

27) **Alvaro:** Di origine germanica, significa "guardiano dell'esercito" o "protettore dell'esercito".

28) **Alvise:** Variante di Luigi, di origine germanica, significa "famoso guerriero".

29) **Ambrogio:** Di origine greca, significa "immortale" o "divino".

30) **Amedeo:** Di origine germanica, significa "amato da Dio".

31) **Amerigo:** Di origine germanica, significa "casa del lavoro" o "casa regale".

32) **Amilcare:** Di origine punica, significa "dio della guerra".

33) **Amintore:** Di origine greca, significa "difensore" o

"protettore".

34) **Amleto:** Di origine germanica, significa "piccolo guerriero" o "piccolo eroe".

35) **Amoris:** Di origine latina, significa "dell'amore" o "appartenente all'amore".

36) **Amos:** Di origine ebraica, significa "carico" o "portatore di pesi".

37) **Anastasio:** Di origine greca, significa "risorto" o "rinato".

38) **Andrea:** Di origine greca, significa "maschio" o "virile".

39) **Angelino:** Diminutivo di Angelo, significa "messaggero" o "angelo".

40) **Angelo:** Di origine greca, significa "messaggero" o "angelo".

41) **Aniello:** Forma italiana di Angelo.

42) **Annibale:** Di origine fenicia, significa "grazia di Baal" o "misericordia di Baal".

43) **Anselmo:** Di origine germanica, significa "elmo divino" o "protezione divina".

44) **Antimo:** Di origine greca, significa "fiore" o "in fiore".

45) **Antonello:** Variante di Antonio, di origine latina, significa "che si oppone" o "inestimabile".

46) **Antonino:** Di origine latina, significa "che appartiene ad Antonio" o "valoroso".

47) **Antonio:** Di origine latina, significa "che si oppone" o "prezioso".

48) **Aquilino:** Di origine latina, significa "aquila" o "simbolo di forza".

49) **Aramis:** Di origine celtica, significa "che appartiene a Ramses" o "alto, nobile".

50) **Arcadio:** Di origine greca, significa "nato nella regione dell'arcadia".

51) **Arcangelo:** Significa "arcangelo" o "messaggero divino".

52) **Archimede:** Di origine greca, significa "piano che guida" o "consiglio principale".

53) **Arcibaldo:** Di origine germanica, significa "nobile" o "valoroso".

54) **Arduino:** Di origine germanica, significa "guerriero coraggioso".

55) **Araldo:** Di origine germanica, significa "comandante" o "leader".

56) **Aristodemo:** Di origine greca, significa "popolo eccellente" o "popolo nobile".

57) **Aristotele:** Di origine greca, significa "saggezza" o "virtù dell'eroe".

58) **Arjuna:** Di origine sanscrita, è il nome di un eroe dell'epopea indiana Mahabharata.

59) **Armando:** Di origine germanica, significa "esercito" o "guerriero".

60) **Arnaldo:** Di origine germanica, significa "aquila regnante" o "sovrano dell'aquila".

61) **Aroldo:** Variante di Arnaldo.

62) **Aronne:** Forma italiana di Aronne, di origine ebraica, significa "montagna".

63) **Arrigo:** Variante di Enrico, di origine germanica, significa "casa del signore" o "sovrano della casa".

64) **Arsenio:** Di origine greca, significa "maschio" o "virile".

65) **Artemio:** Di origine greca, significa "dono di Artemide" o "consacrato ad Artemide".

66) **Artes:** Di origine greca, significa "abile" o "artista".

67) **Arturo:** Di origine celtica, significa "orso" o "nobile".

68) **Ascanio:** Di origine greca, significa "bianco" o "puro".

69) **Asdrubale:** Di origine punica, significa "aiuto di Baal" o "beneficio di Baal".

70) **Astolfo:** Di origine germanica, significa "nobile lupo" o "valoroso lupo".

71) **Attilio:** Di origine latina, significa "piccolo padre" o "piccolo patriarca".

72) **Audenico:** Di origine germanica, significa "ricco di ricchezze" o "protettore della ricchezza".

73) **Augusto:** Di origine latina, significa "venerato" o "maestoso".

74) **Aulo:** Di origine latina, significa "che appartiene a Apollo" o "dedicato ad Apollo".

75) **Aureliano:** Di origine latina, significa "dorato" o "luccicante".

76) **Aurelio:** Di origine latina, significa "dorato" o "luccicante".

77) **Auro:** Di origine latina, significa "oro" o "dorato".

78) **Ausonio:** Di origine latina, significa "dell'antica Ausonia" o "italiano".

79) **Avide:** Di origine latina, significa "avidità" o "desiderio".

80) **Ayrton:** Di origine inglese, potrebbe essere una variante di Aaron.

81) **Azad:** Di origine persiana, significa "libero" o "indipendente".

B

82) **Bacchisio:** Di origine greca, è un nome legato al dio del vino, Dionisio (Bacco). Potrebbe significare "consacrato a Dionisio" o "devoto a Bacco".

83) **Baldassarre:** Di origine ebraica, è il nome del re Baldassarre, uno dei saggi dell'Antico Testamento. Significa "protezione del re" o "Dio protegga il re".

84) **Barnaba:** Di origine ebraica, è una forma alternativa del nome Barnaba, che significa "figlio di consolazione" o "figlio dell'incoraggiamento".

85) **Bartolomeo:** Di origine aramaica, significa "figlio di Tolmai" o "figlio del contadino". È anche il nome di uno degli apostoli nel Nuovo Testamento.

86) **Basile:** Di origine greca, significa "reale" o "regale".

87) **Basilio:** Di origine greca, è una variante di Basile e significa anch'esso "reale" o "regale".

88) **Battista:** Di origine ebraica, significa "colui che battezza" o "colui che immerge". È spesso associato a San Giovanni Battista.

89) **Beda:** Di origine anglosassone, significa "preghiera" o "preghiera costante".

90) **Bello:** Di origine latina, significa "bello" o "attraente".

91) **Benedetto:** Di origine latina, significa "benedetto" o "favorito da Dio".

92) **Beniamino:** Di origine ebraica, significa "figlio della destra" o "figlio della fortuna". È anche il nome di uno dei figli di Giacobbe nell'Antico Testamento.

93) **Benito:** Di origine latina, è una forma abbreviata di Benedetto e ha lo stesso significato di "benedetto" o "favorito da Dio".

94) **Berengario:** Di origine germanica, significa "lancia del guerriero" o "forte come una lancia".

95) **Bernardo:** Di origine germanica, significa "coraggioso come un orso" o "forte come un orso".

96) **Bettino:** Variante di Benedetto, con lo stesso significato di "benedetto".

97) **Biagio:** Di origine greca, significa "vivo" o "che ha vita".

98) **Bonaventura:** Di origine latina, significa "buona fortuna" o "buon vento". È anche il nome di un santo francescano.

99) **Bonello:** Di origine latina, è una variante di Bono e significa "buono" o "gentile".

100) **Bono:** Di origine latina, significa "buono" o "gentile".

101) **Boris:** Di origine slava, significa "lupo" o "combattente".

102) **Bortolo:** Variante di Bartolomeo, con lo stesso significato di "figlio di Tolmai".

103) **Brando:** Di origine germanica, significa "spada" o "brillante come una spada".

104) **Brandon:** Di origine inglese, è una combinazione di "bran", che significa "corvo", e "dun", che significa "collina". Il significato complessivo potrebbe essere "collina del corvo" o "colina corvina".

105) **Bruno:** Di origine germanica, significa "marrone" o "scuro". Può anche essere associato al concetto di "protezione" o "difesa".

106) **Bryan:** Di origine irlandese, significa "nobile" o "nobile collina". È una variante di Brian.

C

107) **Caio:** Di origine latina, è un nome romano che significa "gioia" o "felicità".

108) **Caligola:** Di origine latina, è un soprannome dato all'imperatore romano Gaio Cesare Augusto Germanico. Il significato esatto è incerto, ma potrebbe essere collegato a "caligae", che sono i sandali militari indossati dai soldati romani.

109) **Callisto:** Di origine greca, significa "il più bello" o "il più bello tra gli uomini". È anche il nome di una figura mitologica greca.

110) **Calogero:** Di origine greca, significa "bell'anziano" o "bello e saggio".

111) **Camillo:** Di origine etrusca, significa "ministro" o "servitore di un tempio". È anche un nome romano.

112) **Candido:** Di origine latina, significa "bianco" o "puro".

113) **Carlo:** Di origine germanica, significa "uomo libero" o "uomo virile".

114) **Carmelo:** Di origine ebraica, significa "vigneto di Dio" o "giardino di Dio".

115) **Carmine:** Di origine latina, significa "colore rosso" o "come il corallo".

116) **Casimiro:** Di origine slava, significa "portatore di pace" o "difensore della pace".

117) **Castrense:** Di origine latina, significa "militare" o "relativo all'esercito".

118)   **Catello:** Di origine latina, è un nome romano che significa "piccolo guerriero" o "piccolo soldato".

119)   **Cecco:** Diminutivo di Francesco, di origine germanica, significa "uomo libero".

120)   **Celeste:** Di origine latina, significa "celeste" o "divino".

121)   **Celestino:** Variante di Celeste, con lo stesso significato di "celeste" o "divino".

122)   **Cesare:** Di origine latina, significa "capo" o "imperatore". È anche il nome di Giulio Cesare, famoso condottiero e imperatore romano.

123)   **Christopher:** Di origine greca, significa "portatore di Cristo" o "unto da Cristo".

124)   **Ciriaco:** Di origine greca, significa "appartenente al Signore" o "consacrato al Signore".

125)   **Cirino:** Variante di Ciriaco, con lo stesso significato di "appartenente al Signore".

126)   **Ciro:** Di origine persiana, significa "trono" o "signore".

127)   **Claudio:** Di origine latina, significa "zoppo" o "zoppicante".

128)   **Clemente:** Di origine latina, significa "gentile" o "misericordioso".

129)   **Clementino:** Variante di Clemente, con lo stesso significato di "gentile" o "misericordioso".

130)   **Clero:** Di origine latina, significa "clero" o "religioso".

131)   **Cleros:** Variante di Clero, con lo stesso significato di "clero" o "religioso".

132)   **Clodoveo:** Di origine germanica, significa "famoso nella guerra" o "illustre nella battaglia".

133)   **Consalvo:** Di origine latina, significa "consiglio" o "saggio".

134)   **Contardo:** Di origine germanica, significa

"coraggioso" o "audace".

135)   **Corrado:** Di origine germanica, significa "consiglio coraggioso" o "consiglio audace".

136)   **Cosimo:** Di origine greca, significa "ordine" o "decoro". È anche il nome di diversi santi.

137)   **Costantino:** Di origine latina, significa "costante" o "perseverante". È anche il nome di diversi imperatori romani, inclusi Costantino I e Costantino II.

138)   **Costanzo:** Di origine latina, significa "costante" o "fermo".

139)   **Cristian:** Di origine latina, significa "seguace di Cristo" o "consacrato a Cristo".

140)   **Cristiano:** Variante di Cristian, con lo stesso significato di "seguace di Cristo" o "consacrato a Cristo".

141)   **Cristoforo:** Di origine greca, significa "portatore di Cristo" o "unto da Cristo".

142)   **Christoph:** Variante di Cristoforo. **Damiano:** Di origine greca, significa "domatore" o "addomesticatore". È anche associato a San Damiano, un santo cristiano.

D

143) **Dante:** Di origine latina, è una forma abbreviata di Durante, che significa "resistente" o "duraturo". Dante Alighieri è un famoso poeta italiano.

144) **Daniel:** Di origine ebraica, significa "Dio è il mio giudice". È anche il nome di un profeta biblico.

145) **Daniele:** Variante italiana di Daniel, con lo stesso significato di "Dio è il mio giudice".

146) **Danilo:** Di origine slava, significa "Dio è il mio giudice" o "giudicato da Dio".

147) **Danio:** Forma italiana di Daniel.

148) **Danny:** Diminutivo di Daniel, con lo stesso significato di "Dio è il mio giudice".

149) **Danthan:** Variante di Danthon, potrebbe essere una creazione moderna senza un significato specifico.

150) **Daran:** Di origine incerta, potrebbe essere una variante di Darren o avere un'origine celtica.

151) **Dario:** Di origine persiana, significa "possessore" o "sostenitore del bene".

152) **Darren:** Di origine inglese, è una forma contratta di Darrell e significa "piccola collina" o "piccolo grande uomo".

153) **David:** Di origine ebraica, significa "amato" o "prediletto". È anche il nome del leggendario re e poeta biblico.

154) **Davide:** Variante italiana di David, con lo stesso significato di "amato" o "prediletto".

155) **Davis:** Di origine inglese, è una variante di David.

156) **Deam:** Di origine incerta, potrebbe essere una variante o una forma modificata di altri nomi.

157) **Delfino:** Di origine greca, significa "delfino" o "piccolo delfino".

158) **Delfo:** Di origine greca, significa "profeta" o "oracolo".

159) **Demetrio:** Di origine greca, significa "consacrato a Demetra", la dea della fertilità e dell'agricoltura.

160) **Demian:** Di origine greca, significa "appartenente a Demetra" o "consacrato a Demetra".

161) **Demis:** Di origine greca, potrebbe essere una variante o una creazione moderna.

162) **Denis:** Variante di Dionigi, di origine greca, significa "devoto a Dioniso", il dio del vino e del teatro.

163) **Dennis:** Variante di Denis.

164) **Desiderio:** Di origine latina, significa "desiderio" o "brama".

165) **Diamante:** Di origine greca, significa "invincibile" o "inespugnabile".

166) **Diego:** Di origine spagnola, è una forma abbreviata di Santiago e significa "uomo consacrato a San Giacomo".

167) **Dimitri:** Variante di Demetrio, di origine greca, significa "consacrato a Demetra".

168) **Dindo:** Di origine incerta, potrebbe essere una variante o una creazione moderna.

169) **Dionigi:** Di origine greca, significa "devoto a Dioniso", il dio del vino e del teatro.

170) **Dino:** Di origine italiana, è spesso usato come diminutivo di nomi che terminano con "-dino" o "-ino".

171) **Disma:** Di origine incerta, potrebbe essere una variante o una creazione moderna.

172) **Domenico:** Di origine latina, significa "appartenente al Signore" o "consacrato al Signore".

173) **Domingo:** Di origine spagnola, significa "domenica" o "giorno del Signore".

174) **Domiziano:** Di origine latina, significa "appartenente alla casa" o "casa nobile".

175) **Donatello:** Di origine italiana, significa "dono di Dio".

176) **Donato:** Di origine latina, significa "donato" o "regalato da Dio".

177) **Duccio:** Di origine italiana, potrebbe essere una forma diminutiva di nomi come Alduccio o Guiduccio.

178) **Dulio:** Di origine latina, potrebbe essere legato al termine "duellum", che significa "duello" o "combattimento".

179) **Dylan:** Di origine gallese, significa "mare" o "onda". È anche un nome popolare in diverse culture. **Edgardo:** Di origine anglosassone, significa "protettore ricco" o "custode delle ricchezze".

E

180) **Edilio:** Di origine latina, potrebbe essere collegato al termine "aedilis", che era un magistrato romano responsabile della manutenzione delle strade e dei templi.

181) **Edipo:** Di origine greca, è il nome del protagonista della tragedia di Sofocle "Edipo re". Il significato è incerto, ma potrebbe derivare da "edípos", che significa "zampe gonfie".

182) **Edmondo:** Di origine inglese, significa "protettore ricco" o "custode delle ricchezze".

183) **Edoardo:** Di origine anglosassone, significa "protettore ricco" o "custode delle ricchezze".

184) **Efisio:** Di origine greca, significa "dignitoso" o "rispettabile".

185) **Efrem:** Di origine ebraica, significa "fruttuoso" o "prospero".

186) **Egidio:** Di origine greca, significa "difensore" o "protettore".

187) **Egisto:** Di origine greca, significa "chi lavora bene" o "laborioso".

188) **Elia:** Di origine ebraica, significa "il Signore è Dio". È anche il nome di un profeta biblico.

189) **Eliano:** Di origine greca, significa "il sole".

190) **Elias:** Variante di Elia, con lo stesso significato di "il Signore è Dio".

191) **Eligio:** Di origine latina, significa "eletto" o "scelto".

192) **Elio:** Di origine greca, significa "sole".

193) **Eliziario:** Di origine latina, potrebbe essere collegato al termine "elisio", che si riferisce al paradiso.

194) **Elvezio:** Di origine incerta, potrebbe essere un nome italiano senza un significato chiaro.

195) **Elvio:** Di origine latina, significa "blond" o "biondo".

196) **Elvis:** Di origine incerta, potrebbe essere una combinazione di elementi come "El-" da Elia e "-vis" da "vis", che significa "saggio" o "sconosciuto".

197) **Emanuele:** Di origine ebraica, significa "Dio è con noi".

198) **Emanuel:** Variante di Emanuele.

199) **Emidio:** Di origine latina, significa "metà" o "mezzo".

200) **Emiliano:** Di origine latina, significa "ambizioso" o "lavoratore".

201) **Emilio:** Di origine latina, significa "rivale" o "emulo".

202) **Enea:** Di origine greca, è il nome del leggendario eroe troiano. Il significato esatto è incerto.

203) **Ennio:** Di origine etrusca, significa "consacrato".

204) **Enrico:** Di origine germanica, significa "signore del proprio regno" o "casa del re".

205) **Enzo:** Di origine germanica, significa "casa regale" o "giovane principe".

206) **Epis:** Di origine greca, significa "cavaliere" o "cavallo".

207) **Eraldo:** Di origine germanica, significa "capo dell'esercito" o "sovrano dell'esercito".

208) **Erasmo:** Di origine greca, significa "amato" o "desiderato".

209) **Erberto:** Di origine germanica, significa "nobile brillante" o "illustre".

210) **Ercole:** Di origine greca, è il nome del famoso eroe mitologico nota per la sua forza.

211) **Eriberto:** Di origine germanica, significa "illustre" o "brillante".

212) **Eric:** Di origine nordica, significa "sovrano sempre potente".

213) **Ermanno:** Di origine germanica, significa "uomo dell'esercito" o "soldato".

214) **Ermenegildo:** Di origine germanica, significa "combattente" o "guerriero".

215) **Ermens:** Di origine germanica, potrebbe essere una variante o una creazione moderna.

216) **Ermes:** Di origine greca, è il nome del dio greco del commercio, dei viaggi e dei ladri.

217) **Erminio:** Di origine germanica, significa "intero" o "completo".

218) **Ernelio:** Di origine germanica, potrebbe essere una variante o una creazione moderna.

219) **Ernesto:** Di origine germanica, significa "serio" o "determinato".

220) **Eronaldo:** Di origine germanica, potrebbe essere una variante o una creazione moderna.

221) **Eros:** Di origine greca, è il nome del dio dell'amore nella mitologia greca.

222) **Ethan:** Di origine ebraica, significa "forte" o "costante".

223) **Ettore:** Di origine greca, significa "tenace" o "forte".

224) **Eugenio:** Di origine greca, significa "ben nato" o "nobile".

225) **Eulo:** Di origine greca, potrebbe essere una variante o una creazione moderna.

226) **Eulogio:** Di origine greca, significa "elogiato" o "lodato".

227) **Euplemio:** Di origine greca, significa "abbondante" o "ricco".

228) **Eusebio:** Di origine greca, significa "devoto" o "pietoso".

229) **Eustachio:** Di origine greca, significa "buona stabilità" o "buona fortuna".

230) **Eutimio:** Di origine greca, significa "buon onore" o "buon prestigio".

231) **Evan:** Di origine gallese, significa "giovane guerriero".

232) **Evaristo:** Di origine greca, significa "buon custode" o "buon difensore".

233) **Evangelista:** Di origine greca, significa "portatore di buone notizie" o "annunciatore del Vangelo".

234) **Everardo:** Di origine germanica, significa "forte come un cinghiale" o "protettore degli sfortunati".

235) **Ezechiele:** Di origine ebraica, significa "Dio rafforzerà".

236) **Ezio:** Di origine greca, significa "aquila".

F

237) **Fabiano:** Di origine latina, significa "coltivatore di fave" o "favaio".

238) **Fabio:** Di origine latina, significa "fabbro" o "artigiano".

239) **Fabrizio:** Di origine latina, significa "fabbricatore" o "costruttore".

240) **Fausto:** Di origine latina, significa "favorevole" o "felice".

241) **Federico:** Di origine germanica, significa "pace del sovrano" o "governante pacifico".

242) **Felice:** Di origine latina, significa "felice" o "fortunato".

243) **Ferdinando:** Di origine germanica, significa "coraggioso viaggiatore" o "viandante audace".

244) **Fernando:** Variante di Ferdinando, con lo stesso significato di "coraggioso viaggiatore" o "viandante audace".

245) **Ferruccio:** Di origine italiana, è un diminutivo di Ferro e significa "piccolo ferro" o "forzuto".

246) **Filiberto:** Di origine germanica, significa "brillante in combattimento" o "famoso guerriero".

247) **Filippo:** Di origine greca, significa "amante dei cavalli" o "amico dei cavalli".

248) **Fiore:** Di origine italiana, significa "fiore".

249) **Fiorentino:** Di origine italiana, significa "abitante di Firenze" o "fiorentino".

250) **Fiorenzo:** Di origine italiana, significa "fiorente" o "fiorito".

251) **Fiorello:** Di origine italiana, è un diminutivo di Fiore e significa "piccolo fiore".

252) **Fiorino:** Di origine italiana, significa "fiore" o "moneta d'oro" (antica moneta fiorentina).

253) **Firmino:** Di origine latina, significa "forte" o "robusto".

254) **Flaminio:** Di origine latina, potrebbe essere collegato a "flamen", che era un sacerdote romano.

255) **Flavio:** Di origine latina, significa "biondo" o "dorato".

256) **Folco:** Di origine germanica, significa "popolo" o "guerriero".

257) **Fortunato:** Di origine latina, significa "fortunato" o "avventurato".

258) **Francesco:** Di origine italiana, significa "francese" o "libero".

259) **Franco:** Di origine germanica, significa "libero" o "franco".

260) **Frediano:** Di origine germanica, significa "pace" o "protezione pacifica".

261) **Fulvio:** Di origine latina, significa "biondo" o "dorato".

262) **Furio:** Di origine latina, significa "furioso" o "irato".

G

263) **Gabriele:** Di origine ebraica, significa "Dio è la mia forza". È anche il nome di un arcangelo nella tradizione religiosa.

264) **Gaetano:** Di origine latina, significa "abitante di Gaeta", una città italiana.

265) **Galdino:** Di origine germanica, significa "amico valoroso" o "guerriero audace".

266) **Galeazzo:** Di origine germanica, significa "lance brillanti" o "colui che ha una lancia luminosa".

267) **Gandolfo:** Di origine germanica, significa "lupo che protegge" o "difensore del lupo".

268) **Gaspare:** Di origine persiana, significa "tesoro". È anche uno dei tre Re Magi nella tradizione cristiana.

269) **Gastone:** Di origine germanica, significa "amico degli stranieri" o "viandante".

270) **Gavino:** Di origine latina, significa "dal folto crine" o "capelluto".

271) **Gennaro:** Di origine latina, significa "gennaio" o "primo mese dell'anno".

272) **Geraldo:** Di origine germanica, significa "governatore" o "capo".

273) **Gerardo:** Di origine germanica, significa "forte con la lancia" o "governatore".

274) **Geremia:** Di origine ebraica, è il nome di un profeta biblico.

275) **Germano:** Di origine germanica, significa "fratello" o "parente".

276) **Gerlando:** Di origine germanica, significa "terra del popolo" o "terra dei guerrieri".

277) **Gerolamo:** Variante di Geronimo, di origine greca, significa "santo nome" o "santo".

278) **Getulio:** Di origine latina, potrebbe significare "abitante della Gotia" o "delle tribù gotiche".

279) **Gervaso:** Di origine germanica, significa "guerriero" o "difensore".

280) **Gherardo:** Di origine germanica, significa "forte con la lancia" o "governatore".

281) **Giacinto:** Di origine greca, significa "fiore a forma di campana" o "giovane uomo".

282) **Giacobbe:** Di origine ebraica, è il nome biblico di Giacobbe, uno dei patriarchi.

283) **Giacomo:** Variante di Giacobbe, con lo stesso significato di "Dio sorregge" o "Dio protegge".

284) **Gianni:** Diminutivo di Giovanni, con lo stesso significato di "Dio è favorevole" o "Dio ha mostrato grazia".

285) **Gianandrea:** Combinazione di Giovanni e Andrea, con significati simili di "Dio ha mostrato grazia" e "virile" rispettivamente.

286) **Gianangelo:** Combinazione di Giovanni e Angelo, con significati di "Dio ha mostrato grazia" e "messaggero" rispettivamente.

287) **Gianantonio:** Combinazione di Giovanni e Antonio, con significati di "Dio ha mostrato grazia" e "prezioso" rispettivamente.

288) **Giancarlo:** Combinazione di Giovanni e Carlo, con significati di "Dio ha mostrato grazia" e "uomo libero" rispettivamente.

289)   **Gianclaudio:** Combinazione di Giovanni e Claudio, con significati di "Dio ha mostrato grazia" e "zoppo" rispettivamente.

290)   **Gianfilippo:** Combinazione di Giovanni e Filippo, con significati di "Dio ha mostrato grazia" e "amante dei cavalli" rispettivamente.

291)   **Gianfranco:** Combinazione di Giovanni e Franco, con significati di "Dio ha mostrato grazia" e "franco" rispettivamente.

292)   **Giangabriele:** Combinazione di Giovanni e Gabriele, con significati di "Dio ha mostrato grazia" e "forza di Dio" rispettivamente.

293)   **Gianle Leonardo:** Combinazione di Giovanni e Leonardo, con significati di "Dio ha mostrato grazia" e "leone forte" rispettivamente.

294)   **Gianlorenzo:** Combinazione di Giovanni e Lorenzo, con significati di "Dio ha mostrato grazia" e "coronato di alloro" rispettivamente.

295)   **Gianluca:** Combinazione di Giovanni e Luca, con significati di "Dio ha mostrato grazia" e "luminoso" rispettivamente.

296)   **Gianluigi:** Combinazione di Giovanni e Luigi, con significati di "Dio ha mostrato grazia" e "famoso guerriero" rispettivamente.

297)   **Gianmarco:** Combinazione di Giovanni e Marco, con significati di "Dio ha mostrato grazia" e "uomo virile" rispettivamente.

298)   **Gianmaria:** Combinazione di Giovanni e Maria, con significati di "Dio ha mostrato grazia" e "amata" rispettivamente.

299)   **Gianmauro:** Combinazione di Giovanni e Mauro, con significati di "Dio ha mostrato grazia" e "scuro" rispettivamente.

300) **Gianpaolo:** Combinazione di Giovanni e Paolo, con significati di "Dio ha mostrato grazia" e "piccolo" rispettivamente.

301) **Gianpiero:** Combinazione di Giovanni e Piero, con significati di "Dio ha mostrato grazia" e "pietra" rispettivamente.

302) **Gianriccardo:** Combinazione di Giovanni e Riccardo, con significati di "Dio ha mostrato grazia" e "forte potere" rispettivamente.

303) **Giasone:** Di origine greca, significa "colui che guarisce" o "colui che porta la vittoria".

304) **Gilberto:** Di origine germanica, significa "brillante" o "famoso per la lancia".

305) **Gildo:** Di origine germanica, potrebbe significare "giovane" o "giovane guerriero".

306) **Gino:** Diminutivo di nomi che terminano con "-gino" o "-ino", di origine italiana.

307) **Gioacchino:** Di origine ebraica, significa "Dio ha stabilito" o "Dio ha preparato".

308) **Giobbe:** Di origine ebraica, è il nome di un personaggio biblico noto per la sua pazienza.

309) **Gioberto:** Di origine germanica, significa "brillante" o "famoso per la lancia".

310) **Gioele:** Di origine ebraica, significa "Dio è Dio" o "Dio è Yahweh".

311) **Gionata:** Di origine ebraica, significa "dato da Dio" o "regalo di Dio".

312) **Gionatan:** Variante di Gionata.

313) **Giordano:** Di origine ebraica, significa "che scorre giù" o "che discende".

314) **Giorgio:** Di origine greca, significa "agricoltore" o "lavoratore della terra".

315) **Giosuè:** Di origine ebraica, significa "Dio è salvezza".

316) **Giovanni:** Di origine ebraica, significa "Dio ha mostrato grazia" o "Dio è favorevole".

317) **Girolamo:** Variante di Gerolamo, di origine greca, significa "santo nome" o "santo".

318) **Gismondo:** Di origine germanica, significa "protettore del lancia" o "guerriero".

319) **Giuliano:** Di origine romana, significa "appartenente a Giulio" o "discendente di Giulio Cesare".

320) **Giulio:** Di origine romana, significa "giovane" o "abbondante in giovinezza".

321) **Giuseppe:** Di origine ebraica, significa "Dio aggiungerà" o "Dio aumenterà".

322) **Glauco:** Di origine greca, significa "azzurro" o "luminoso".

323) **Goffredo:** Di origine germanica, significa "pace di Dio" o "difensore della pace".

324) **Gonerio:** Di origine germanica, significa "esercito" o "guerriero".

325) **Goran:** Di origine slava, significa "montagna" o "gorgoglio".

326) **Graziano:** Di origine latina, significa "graziato" o "ricco di grazia".

327) **Gregorio:** Di origine greca, significa "vigilante" o "colui che veglia".

328) **Gualtiero:** Di origine germanica, significa "comandante dell'esercito" o "esercito del popolo".

329) **Guerriero:** Di origine italiana, significa "guerriero".

330) **Guerino:** Di origine germanica, significa "piccolo guerriero" o "giovane guerriero".

331) **Guglielmo:** Di origine germanica, significa "elmo" o

"protezione" e "volontà" o "desiderio".

332)   **Guido:** Di origine germanica, significa "bosco" o "foresta".

333)   **Gustavo:** Di origine germanica, significa "bastone di comando" o "personaggio illustre". **Harry:** Di origine inglese, è una forma abbreviata del nome "Henry" e significa "padrone di casa" o "signore del popolo".

H

334)   **Hector:** Di origine greca, è il nome di un eroe troiano nell'Iliade di Omero. Il significato è spesso interpretato come "difensore" o "protettore".

335)   **Helmut:** Di origine germanica, significa "elmo coraggioso" o "elmo di protezione". È composto da "helm" che significa "elmo" e "muot" che significa "spirito" o "mente".

336)   **Henry:** Di origine germanica, significa "casa del sovrano" o "padrone della casa". È un nome che ha mantenuto la sua popolarità attraverso i secoli.

337)   **Herman:** Di origine germanica, significa "uomo dell'esercito" o "soldato". È correlato al termine "heri" che significa "esercito". **Iacopo:** Variante italiana di Giacomo, che è la forma italiana di "James" in inglese. Significa "sopraffatore" o "colui che segue".

I

338) **Ian:** Variante scozzese di "John", che deriva dal nome ebraico "Yochanan" e significa "Dio ha favore" o "Dio è misericordioso".

339) **Ignazio:** Di origine latina, significa "ardente" o "appassionato".

340) **Igino:** Di origine latina, potrebbe derivare dal termine "ignis" che significa "fuoco". Il significato preciso è incerto.

341) **Igor:** Di origine slava, significa "guerriero" o "difensore della terra".

342) **Ilan:** Di origine ebraica, significa "albero" o "quercia".

343) **Ilario:** Di origine latina, significa "allegra" o "gioiosa".

344) **Ildebrando:** Di origine germanica, significa "spada brillante" o "guerriero splendente".

345) **Imer:** Di origine incerta, potrebbe essere un nome moderno senza un significato tradizionale noto.

346) **Indro:** Di origine sanscrita, significa "signore degli dèi" ed è spesso associato a Indra, una divinità induista.

347) **Innocente:** Di origine latina, significa "senza colpa" o "innocente".

348) **Innocenzo:** Di origine latina, significa "senza colpa" o "innocente".

349) **Ione:** Di origine greca, significa "violetta" o "fiore viola".

350) **Ippolito:** Di origine greca, significa "colui che riluce" o "liberato dai cavalli".

351) **Irio:** Di origine latina, potrebbe essere collegato a "iris" che significa "arcobaleno".

352) **Isacco:** Di origine ebraica, significa "risata" o "Dio ha sorriso".

353) **Isaia:** Di origine ebraica, è il nome di uno dei profeti biblici e significa "Dio è salvezza".

354) **Ismaele:** Di origine ebraica, significa "Dio ascolta" o "Dio ascolterà".

355) **Italo:** Di origine latina, significa "italiano" o "proveniente dall'Italia".

356) **Ivano:** Variante italiana di "John", che deriva dal nome ebraico "Yochanan" e significa "Dio ha favore" o "Dio è misericordioso".

357) **Ivan:** Forma slava di "John", che significa "Dio ha favore" o "Dio è misericordioso".

358) **Ivo:** Di origine germanica, significa "giovane arciere" o "arciero yew" (riferito a un tipo di albero).

J

359)   **Jack:** Variante di "John", che deriva dal nome ebraico "Yochanan" e significa "Dio ha favore" o "Dio è misericordioso".

360)   **Jacopo:** Forma italiana di "James", che è a sua volta una variante di "John". Significa "Dio ha favore" o "Dio è misericordioso".

361)   **Jacques:** Forma francese di "James", con lo stesso significato di "Dio ha favore" o "Dio è misericordioso".

362)   **Jaime:** Forma spagnola di "James", con significato simile di "Dio ha favore" o "Dio è misericordioso".

363)   **Jairo:** Di origine ebraica, significa "Dio illumina" o "Dio darà luce".

364)   **Jamil:** Di origine araba, significa "bello" o "elegante".

365)   **James:** Di origine inglese, è una forma anglicizzata di "Jacques" o "Jacob". Significa "Dio ha favore" o "Dio è misericordioso".

366)   **Jari:** Di origine finlandese, significa "nuovo inizio" o "nuovo giorno".

367)   **Jarno:** Variante finlandese di "Jari", con significato simile di "nuovo inizio" o "nuovo giorno".

368)   **Jaziel:** Di origine ebraica, significa "Dio distribuisce" o "Dio assegna".

369)   **Jeremiah:** Di origine ebraica, significa "Dio esalta" o "Dio lancia in alto".

370)   **Jesse:** Di origine ebraica, significa "Dio è misericordioso" o "Dio ha guarito".

371) **Joele:** Variante italiana di "Joel", di origine ebraica, significa "Yahweh è Dio" o "Dio è il Signore".

372) **Joey:** Variante informale di "Joseph", che significa "Dio aggiungerà" o "Dio aumenterà".

373) **Joannes:** Forma latina di "John", con lo stesso significato di "Dio ha favore" o "Dio è misericordioso".

374) **John:** Di origine ebraica, significa "Dio ha favore" o "Dio è misericordioso". È uno dei nomi più comuni nella cultura anglosassone.

375) **Joi:** Di origine giapponese, significa "gioia" o "felicità".

376) **Jonathan:** Di origine ebraica, significa "Dio ha dato" o "Dio ha donato".

377) **Johnny:** Variante informale di "John", con lo stesso significato di "Dio ha favore" o "Dio è misericordioso".

378) **Joseph:** Di origine ebraica, significa "Dio aggiungerà" o "Dio aumenterà". È un nome biblico associato a Giuseppe, figlio di Giacobbe.

379) **Joshua:** Di origine ebraica, significa "Dio salva" o "Yahweh è salvezza". È il nome di un leader biblico noto per condurre gli Israeliti nella conquista della Terra Promessa.

380) **Julian:** Di origine latina, significa "appartenente a Giulio" o "discendente di Giulio Cesare". È un nome che denota giovinezza e vitalità. **Kai:** Di origine hawaiana, significa "mare" o "oceano". È anche un nome scandinavo che significa "guerriero".

K

381)   **Karim:** Di origine araba, significa "generoso", "nobile" o "grazioso". È uno degli attributi di Allah nell'Islam.

382)   **Karol:** Variante polacca di "Charles", di origine germanica, che significa "uomo libero" o "uomo virile".

383)   **Ken:** Di origine giapponese, significa "salute", "forza" o "fisico robusto". Può anche essere un diminutivo di "Kenneth" o "Kent".

384)   **Kevin:** Di origine irlandese, significa "bello" o "nobile".

385)   **Kjetil:** Di origine norvegese, significa "calderone" o "casa".

386)   **Kociss:** Di origine amazigh (berbera), è un nome tradizionale con significato specifico nella cultura berbera.

387)   **Kris:** Variante di "Chris", che a sua volta è una forma abbreviata di "Christopher". Significa "portatore di Cristo" o "seguito di Cristo".

388)   **Kurt:** Di origine tedesca, significa "coraggioso consigliere" o "consigliere audace". **Laerte:** Di origine greca, è il nome di un personaggio mitologico presente nell'Odissea di Omero. Significa "virtuoso" o "abile".

L

389)   **Lamberto:** Di origine germanica, significa "famoso per la sua lancia" o "brillante in battaglia".

390)   **Landolfo:** Di origine germanica, significa "lupo della terra" o "lupo del paese".

391)   **Lanfranco:** Di origine germanica, significa "franco" o "libero". È anche un nome di un arcivescovo dell'XI secolo.

392)   **Lapo:** Di origine etrusca, è un diminutivo di "Jacopo" e significa "lupo".

393)   **Laurence:** Variante di "Lawrence", di origine latina, significa "abito di alloro" o "coronato di alloro".

394)   **Lauro:** Di origine latina, significa "alloro" o "corona di alloro".

395)   **Lazzaro:** Di origine ebraica, è il nome di un personaggio biblico noto per essere stato risuscitato da Gesù. Significa "Dio ha aiutato".

396)   **Leandro:** Di origine greca, significa "uomo leone" o "come un leone".

397)   **Lelio:** Di origine latina, significa "gioioso" o "allegro".

398)   **Leo:** Di origine latina, significa "leone". È anche un nome molto diffuso in molte culture.

399)   **Leonardo:** Di origine germanica, significa "forte come un leone". È un nome che è stato portato da molti artisti e scienziati famosi.

400)   **Leone:** Di origine latina, significa "leone".

401)   **Leonello:** Variante di "Leone", con un suffisso

affettuoso. Significa "piccolo leone".

402) **Leonida:** Di origine greca, significa "discendente di leone" o "discendente di Leonida", noto re spartano.

403) **Leopoldo:** Di origine germanica, significa "popolo coraggioso" o "gente coraggiosa".

404) **Lester:** Di origine inglese, il suo significato esatto è incerto, ma potrebbe derivare da un toponimo inglese antico.

405) **Libero:** Di origine latina, significa "libero" o "senza restrizioni".

406) **Liborio:** Di origine latina, significa "libero" o "che gode di libertà".

407) **Lino:** Di origine greca, significa "bianco", "splendente" o "bianco come la lana".

408) **Lionello:** Variante di "Leone", con un suffisso affettuoso. Significa "piccolo leone".

409) **Liutprando:** Di origine germanica, significa "lupo glorioso" o "lupo illustre". È stato il nome di re longobardo.

410) **Livio:** Di origine latina, significa "pallido" o "chiaro".

411) **Lodovico:** Variante italiana di "Luigi", che a sua volta deriva da "Ludwig". Significa "guerriero illustre".

412) **Lorenzo:** Di origine latina, significa "abitante di Laurentum" o "coronato di alloro". È un nome molto diffuso in Italia.

413) **Loris:** Di origine latina, è una variante di "Lorenzo". Significa "abitante di Laurentum" o "coronato di alloro".

414) **Lothar:** Di origine germanica, significa "esercito famoso" o "popolo famoso".

415) **Luca:** Di origine latina, significa "luminoso" o "luce".

416) **Luciano:** Di origine latina, significa "nato con la luce" o "luminoso".

417) **Lucio:** Di origine latina, significa "luce" o "luminoso".

418) **Ludovico:** Variante italiana di "Luigi", che a sua volta deriva da "Ludwig". Significa "guerriero illustre".

419) **Luigi:** Variante italiana di "Louis", che deriva dal tedesco antico "Hluodowig" e significa "famoso in battaglia".

420) **Lukas:** Variante di "Luca", di origine latina, significa "luminoso" o "luce".

421) **Luke:** Variante inglese di "Luca", di origine latina, significa "luminoso" o "luce".

M

422) **Maggiore:** Di origine latina, significa "maggiore" o "più grande".

423) **Manfredi:** Di origine germanica, significa "uomo di pace" o "pace dell'uomo".

424) **Manlio:** Di origine etrusca, significa "divino" o "celeste".

425) **Manoa:** Di origine ebraica, potrebbe essere associato al termine "Manoah" e significa "ripetuto" o "riproduttore".

426) **Manolo:** Variante spagnola del nome "Manuel", che a sua volta deriva da "Immanuel" e significa "Dio è con noi".

427) **Manrico:** Di origine germanica, significa "potente nell'uomo" o "sovrano dell'uomo".

428) **Manuel:** Variante spagnola del nome "Emanuele", che significa "Dio è con noi".

429) **Manuele:** Variante italiana del nome "Emanuele", che significa "Dio è con noi".

430) **Marc:** Variante francese di "Mark" o "Marco", che significa "uomo virile" o "guerriero".

431) **Marcantonio:** Combinazione di "Marco" e "Antonio". Significa "uomo virile" o "guerriero" associato a Antonio.

432) **Marcello:** Di origine latina, significa "piccolo Marte" o "giovane guerriero".

433) **Marco:** Di origine latina, significa "uomo virile" o "guerriero". È un nome molto comune in diverse culture.

434) **Marcos:** Variante spagnola di "Mark" o "Marco", che

significa "uomo virile" o "guerriero".

435) **Mariano:** Di origine latina, significa "appartenente a Mario" o "consacrato a Marte".

436) **Marino:** Di origine latina, significa "marino" o "abitante vicino al mare".

437) **Mario:** Di origine latina, significa "maschio" o "virile". È un nome molto diffuso in diverse culture.

438) **Marsilio:** Di origine latina, significa "guerriero di Marte" o "consacrato a Marte".

439) **Martin:** Di origine latina, significa "guerriero" o "dedicato a Marte".

440) **Martino:** Variante di "Martin". Di origine latina, significa "guerriero" o "dedicato a Marte".

441) **Marvin:** Di origine inglese, potrebbe significare "amico del mare" o "amico onesto".

442) **Marzio:** Di origine latina, significa "appartenente a Marte" o "guerriero".

443) **Massimo:** Di origine latina, significa "il più grande" o "il più grande in grandezza".

444) **Massimiliano:** Combinazione di "Massimo" e "Emiliano". Significa "il più grande" e "appartenente alla famiglia Emiliana".

445) **Mathias:** Variante di "Matteo", di origine ebraica, significa "dono di Dio" o "Dio ha dato".

446) **Matteo:** Di origine ebraica, significa "dono di Dio" o "Dio ha dato".

447) **Mattia:** Variante di "Matteo". Di origine ebraica, significa "dono di Dio" o "Dio ha dato".

448) **Maurico:** Di origine incerta, potrebbe essere una variante di "Maurizio".

449) **Maurilio:** Di origine incerta, potrebbe essere una variante di "Maurizio".

450) **Maurice:** Variante francese di "Maurizio". Di origine latina, significa "scuro" o "moro".

451) **Maurizio:** Di origine latina, significa "scuro" o "moro".

452) **Mauro:** Di origine latina, significa "scuro" o "moro".

453) **Max:** Variante abbreviata di "Massimo", che significa "il più grande" o "il più grande in grandezza".

454) **Maximillian:** Variante di "Massimiliano". Significa "il più grande" o "il più grande in grandezza".

455) **Medardo:** Di origine germanica, significa "coraggioso" o "audace".

456) **Melchiorre:** Di origine persiana, significa "re luce" o "re dell'incenso".

457) **Mefisto:** Di origine incerta, è spesso associato al diavolo o al maligno.

458) **Michael:** Di origine ebraica, significa "chi è come Dio?" o "Chi è come Yahweh?".

459) **Michele:** Di origine ebraica, significa "chi è come Dio?" o "Chi è come Yahweh?".

460) **Milo:** Di origine germanica, significa "mildi" che significa "gentile" o "dolce".

461) **Michelangelo:** Di origine italiana, significa "angelo di Michel", dove Michel è una variante di Michele.

462) **Mino:** Variante italiana di "Guglielmo", che significa "elmo" o "protezione".

463) **Mirco:** Di origine incerta, potrebbe essere una variante di "Mirko".

464) **Mirko:** Di origine slava, significa "pace" o "mondo".

465) **Miro:** Di origine slava, significa "pace" o "mondo".

466) **Misha:** Variante russa di "Michael". Di origine ebraica, significa "chi è come Dio?" o "Chi è come Yahweh?".

467) **Mitia:** Variante russa di "Matteo". Di origine ebraica,

significa "dono di Dio" o "Dio ha dato".

468) **Mizio:** Variante italiana di "Mitia".

469) **Modesto:** Di origine latina, significa "modesto" o "umile".

470) **Moreno:** Di origine italiana e spagnola, significa "bruno" o "scuro".

471) **Morgan:** Di origine gallese, significa "mare circolante" o "luogo marittimo".

472) **Moris:** Variante di "Maurizio". Di origine latina, significa "scuro" o "moro".

473) **Mosè:** Nome biblico di origine ebraica, significa "tratto dalle acque".

474) **Mustapha:** Di origine araba, significa "eletto" o "prescelto".

475) **Muzio:** Di origine latina, significa "muto" o "silenzioso". **Nabil:** Di origine araba, significa "nobile" o "onorevole".

N

476)   **Nadir:** Di origine araba, significa "raro" o "insolito".

477)   **Nando:** Variante di "Fernando", di origine germanica, significa "coraggioso viaggiatore" o "coraggioso nel viaggio".

478)   **Napoleone:** Di origine italiana, significa "leone nuovo". È noto per essere stato il nome di Napoleone Bonaparte, il famoso generale e imperatore francese.

479)   **Narciso:** Di origine greca, significa "addormentato" o "stordito". È anche il nome di un personaggio della mitologia greca.

480)   **Natale:** Di origine latina, significa "nato" o "nato a Natale". È spesso associato alla festa cristiana del Natale.

481)   **Nathan:** Di origine ebraica, significa "Dio ha dato".

482)   **Nazzareno:** Di origine italiana, è associato a Nazareth, il luogo di nascita di Gesù. Significa "proveniente da Nazareth".

483)   **Nedo:** Variante di "Edoardo", di origine anglosassone, significa "guardiano delle ricchezze" o "custode delle ricchezze".

484)   **Nello:** Variante di "Cornelio", di origine latina, significa "appartenente a Cornelius" o "nato libero".

485)   **Nemesio:** Di origine greca, significa "distributore di giustizia" o "vendicatore".

486)   **Nereo:** Di origine greca, è il nome di un dio del mare nella mitologia greca. Significa "acqua di fiume" o "umido".

487)   **Neri:** Variante di "Nerio", di origine latina, significa "guerriero" o "forte".

488) **Nestore:** Di origine greca, è il nome di un eroe della guerra di Troia noto per la sua saggezza e longevità.

489) **Nevio:** Di origine latina, significa "neve" o "bianco come la neve".

490) **Niagol:** Di origine bulgara, significa "navigatore" o "marinaio".

491) **Nice:** Di origine greca, significa "vittoria".

492) **Nicholas:** Variante di "Nicholas", di origine greca, significa "popolo vincitore" o "vincitore del popolo".

493) **Nick:** Variante abbreviata di "Nicholas", di origine greca, significa "popolo vincitore" o "vincitore del popolo".

494) **Nico:** Variante di "Nicholas", di origine greca, significa "popolo vincitore" o "vincitore del popolo".

495) **Nicola:** Di origine greca, significa "popolo vincitore" o "vincitore del popolo".

496) **Nicolo':** Variante italiana di "Nicholas" o "Nicola".

497) **Nikita:** Di origine russa, significa "vincitore" o "vincitrice".

498) **Nino:** Di origine georgiana, significa "dio è con noi".

499) **Noah:** Di origine ebraica, significa "riposo" o "consolazione". È anche un nome biblico associato al personaggio dell'Arca di Noè.

500) **Noel:** Di origine francese, significa "Natale" o "nato a Natale".

501) **Norberto:** Di origine germanica, significa "luce del nord" o "illuminato dal nord".

502) **Normanno:** Di origine germanica, significa "uomo del nord" o "abitante del nord".

503) **Nuccio:** Variante di "Anastasio", di origine greca, significa "risorto" o "risuscitato".

504) **Nunzio:** Di origine latina, significa "messaggero"

o "annunciatore". **Odino:** Di origine norrena, è il nome del dio supremo nella mitologia nordica, associato alla saggezza, alla guerra e alla poesia.

505) **Odone:** Di origine germanica, significa "felice" o "prospero".

506) **Olaf:** Di origine norrena, significa "discendente" o "erede".

507) **Olindo:** Di origine greca, significa "figlio dell'olivo" o "oliva".

508) **Oliviero:** Variante italiana di "Oliver", di origine germanica, significa "elfo dell'oliva" o "elfo degli ulivi".

509) **Oliver:** Di origine germanica, significa "elfo dell'oliva" o "elfo degli ulivi".

510) **Olmo:** Di origine latina, significa "olmo" o "albero di olmo".

511) **Olo:** Di origine germanica, significa "discendente" o "erede".

512) **Omar:** Di origine araba, significa "vivace" o "colui che vive a lungo".

513) **Omero:** Di origine greca, è il nome del celebre poeta dell'antichità autore dell'Iliade e dell'Odissea.

514) **Onofrio:** Di origine greca, significa "colui che porta onore" o "onorato".

515) **Onorio:** Di origine latina, significa "onore" o "dignità".

516) **Orazio:** Di origine latina, significa "ora" o "tempo". È anche il nome del poeta romano Orazio.

517) **Oreste:** Di origine greca, è il nome di un personaggio della mitologia greca, figlio di Agamennone.

518) **Orfeo:** Di origine greca, significa "l'orso" o "colui che ha voce dolce". È il nome di un personaggio della mitologia greca noto per la sua abilità musicale.

519) **Orio:** Di origine latina, significa "d'oro" o "dorato".

520)   **Orlando:** Di origine germanica, significa "famoso per il proprio coraggio" o "famoso in battaglia".

521)   **Oronzo:** Variante italiana di "Orazio".

522)   **Oscar:** Di origine irlandese, significa "divino lancia" o "lancia di Dio".

523)   **Osea:** Di origine ebraica, significa "salvato" o "liberato". È anche un nome biblico.

524)   **Osvaldo:** Di origine germanica, significa "divino potere" o "potere degli dei".

525)   **Otis:** Di origine greca, significa "uditore" o "ascoltatore".

526)   **Ottaviano:** Di origine latina, significa "ottavo" o "appartenente all'ottavo".

527)   **Ottavio:** Di origine latina, significa "ottavo" o "appartenente all'ottavo".

528)   **Ottone:** Di origine germanica, significa "ricco" o "abbondante". **Pablo:** Variante spagnola di "Paolo", di origine latina, significa "piccolo" o "umile".

P

529) **Pacifico:** Di origine latina, significa "pacifico" o "sereno".

530) **Pammachio:** Di origine greca, significa "tutto combattente" o "guerriero totale".

531) **Paolo:** Di origine latina, significa "piccolo" o "umile". È anche il nome di uno degli apostoli nel Nuovo Testamento.

532) **Paride:** Di origine greca, è il nome di un personaggio della mitologia greca, figlio del re Priamo di Troia.

533) **Pasquale:** Di origine latina, significa "pasquale" o "relativo alla Pasqua", la festa cristiana.

534) **Patrizio:** Di origine latina, significa "nobile" o "appartenente alla classe patrizia".

535) **Pericle:** Di origine greca, significa "circondato da gloria" o "molto glorioso". È anche il nome di un famoso statista ateniese dell'antichità.

536) **Peter:** Variante inglese di "Pietro", di origine greca, significa "roccia" o "pietra".

537) **Pierangelo:** Combinazione di "Pietro" e "Angelo". Significa "roccia angelica" o "pietra celestiale".

538) **Piercarlo:** Combinazione di "Pietro" e "Carlo". Significa "uomo libero" o "uomo forte come una roccia".

539) **Piercesare:** Combinazione di "Pietro" e "Cesare". Significa "uomo libero" o "uomo imperatore".

540) **Pierdomenico:** Combinazione di "Pietro" e "Domenico". Significa "uomo libero" o "uomo del Signore".

541) **Piererminio:** Combinazione di "Pietro" e "Erminio". Significa "uomo libero" o "uomo potente".

542) **Pierfilippo:** Combinazione di "Pietro" e "Filippo". Significa "uomo libero" o "uomo amante dei cavalli".

543) **Pierferdinando:** Combinazione di "Pietro" e "Ferdinando". Significa "uomo libero" o "uomo ardente".

544) **Pierfrancesco:** Combinazione di "Pietro" e "Francesco". Significa "uomo libero" o "uomo libero di Francesco".

545) **Piergiorgio:** Combinazione di "Pietro" e "Giorgio". Significa "uomo libero" o "uomo agricoltore".

546) **Pierluigi:** Combinazione di "Pietro" e "Luigi". Significa "uomo libero" o "uomo famoso in battaglia".

547) **Piero:** Variante di "Pietro", di origine greca, significa "roccia" o "pietra".

548) **Pierpaolo:** Combinazione di "Pietro" e "Paolo". Significa "uomo libero" o "uomo piccolo e umile".

549) **Piersilvio:** Combinazione di "Pietro" e "Silvio". Significa "uomo libero" o "uomo della foresta".

550) **Pietro:** Di origine greca, significa "roccia" o "pietra". È anche il nome di uno degli apostoli nel Nuovo Testamento e il primo papa della Chiesa cattolica.

551) **Placido:** Di origine latina, significa "calmo" o "tranquillo".

552) **Platone:** Di origine greca, è il nome del famoso filosofo greco antico, fondatore dell'Accademia di Atene.

553) **Plinio:** Di origine latina, potrebbe essere associato al termine "plenus" che significa "pieno" o "abbondante".

554) **Pompeo:** Di origine latina, significa "trionfatore" o "vincitore".

555) **Priamo:** Di origine greca, è il nome del re di Troia nella mitologia greca.

556)   **Primo:** Di origine latina, significa "primo" o "il primo nato".

557)   **Procopio:** Di origine greca, significa "successo" o "progresso".

558)   **Prospero:** Di origine latina, significa "fortunato" o "prospero".

Q

559)   **Quarto:** Di origine latina, significa "quarto" o "il quarto nato".

560)   **Quasimodo:** Di origine latina, è una forma contratta della frase latina "Quasi modo geniti infantes", che significa "come appena nati bambini". È anche il nome del personaggio protagonista nel romanzo "Il gobbo di Notre-Dame" di Victor Hugo.

561)   **Quintino:** Di origine latina, significa "quinto" o "il quinto nato".

562)   **Quinto:** Di origine latina, significa "quinto" o "il quinto nato".

563)   **Quinzio:** Di origine latina, significa "quindicesimo" o "il quindicesimo nato".

564)   **Quirico:** Di origine latina, significa "abitante di Cures", un'antica città latina. È anche associato a San Quirico, un martire cristiano.

565)   **Quirino:** Di origine latina, significa "guerriero" o "valoroso". È anche il nome di una divinità romana associata alla guerra.

R

566) **Radames:** Di origine egiziana, è anche un personaggio dell'opera lirica "Aida" di Giuseppe Verdi.

567) **Radio:** Di origine italiana o latina, il termine significa "radiante" o "lucente". Può anche riferirsi al mezzo di comunicazione.

568) **Raffaele:** Di origine ebraica, significa "Dio guarisce". È anche il nome di un arcangelo nella tradizione religiosa.

569) **Raffaello:** Di origine ebraica, significa "Dio guarisce". È anche il nome di un famoso pittore rinascimentale italiano.

570) **Raimondo:** Di origine germanica, significa "protettore saggio" o "consigliere protettore".

571) **Ramon:** Variante spagnola di "Raimondo".

572) **Raniero:** Di origine germanica, significa "esercito consigliere" o "consigliere dei guerrieri".

573) **Raoul:** Variante francese di "Radames".

574) **Raul:** Variante spagnola di "Radames".

575) **Reale:** Di origine italiana, significa "regale" o "appartenente al re".

576) **Remigio:** Di origine latina, significa "remo" o "rematore".

577) **Remo:** Di origine latina, è il nome di uno dei mitici fondatori di Roma insieme al fratello Romolo.

578) **Renato:** Di origine latina, significa "rinato" o "rigenerato".

579) **Renzo:** Di origine latina, potrebbe essere una variante

di "Lorenzo", che significa "coronato di alloro".

580) **Riccardo:** Di origine germanica, significa "potente" o "coraggioso come un leone".

581) **Rinaldo:** Di origine germanica, significa "consigliere dell'esercito" o "consigliere valoroso".

582) **Rino:** Variante di "Rinaldo".

583) **Roberto:** Di origine germanica, significa "famoso per la sua brillantezza" o "illustre in fama".

584) **Rocco:** Di origine tedesca, significa "grido famoso" o "illustre in battaglia".

585) **Rodolfo:** Di origine germanica, significa "lupo famoso" o "illustre in fama".

586) **Rodrigo:** Di origine germanica, significa "potente nell'onore" o "famoso per il suo potere".

587) **Roggero:** Variante italiana di "Ruggero".

588) **Rolando:** Variante italiana di "Roland", di origine germanica, significa "famoso in terra" o "famoso per la sua terra".

589) **Romano:** Di origine latina, significa "abitante di Roma".

590) **Romeo:** Di origine italiana, significa "pellegrino" o "pellegrino di Roma". È anche il nome del protagonista nella tragedia di Shakespeare "Romeo e Giulietta".

591) **Romolo:** Di origine latina, è il nome di uno dei mitici fondatori di Roma insieme al fratello Remo.

592) **Romualdo:** Di origine germanica, significa "regola famosa" o "governo famoso".

593) **Ronald:** Di origine norrena, significa "consigliere governante" o "regolatore potente".

594) **Ronnie:** Variante di "Ronald".

595) **Rosario:** Di origine latina, significa "corona di rose".

È anche associato alla preghiera cattolica del Rosario.

596) **Rosalino:** Variante di "Rosario".

597) **Rosolino:** Variante di "Rosario".

598) **Rossano:** Di origine latina, significa "piccola rosa".

599) **Roy:** Di origine francese, significa "reale" o "re".

600) **Ruben:** Di origine ebraica, significa "vedi, un figlio".

601) **Rudolf:** Di origine germanica, significa "lupo glorioso" o "famoso per il suo lupo".

602) **Rudy:** Variante di "Rudolf".

603) **Rufo:** Di origine latina, significa "rossastro" o "dai capelli rossi".

604) **Ruggero:** Di origine germanica, significa "famoso per la sua forza" o "illustre in battaglia".

605) **Ryan:** Di origine irlandese, significa "piccolo re" o "discendente di Rian".

S

606) **Sabatino:** Di origine latina, significa "relativo al sabato" o "nato di sabato".

607) **Sabino:** Di origine latina, significa "abitante di Sabina", una regione dell'antica Italia.

608) **Salomone:** Di origine ebraica, significa "pace" o "pacifico". È anche il nome di un re biblico noto per la sua saggezza.

609) **Salvatore:** Di origine latina, significa "salvatore" o "colui che salva". È un titolo attribuito a Gesù Cristo nella tradizione cristiana.

610) **Salvo:** Di origine latina, è una forma abbreviata di "Salvatore".

611) **Samuele:** Di origine ebraica, significa "ascoltato da Dio".

612) **Samuel:** Variante inglese di "Samuele".

613) **Sandro:** Variante italiana di "Alessandro", di origine greca, significa "difensore degli uomini".

614) **Sandy:** Diminutivo di "Alexander" o "Sandra", di origine greca, significa "difensore degli uomini".

615) **Sannio:** Di origine latina, significa "saggio" o "intelligente".

616) **Sansone:** Di origine ebraica, significa "sole" o "luce del sole". È anche il nome di un personaggio biblico noto per la sua forza.

617) **Santino:** Variante italiana di "Santo", significa "santo" o "consacrato".

618) **Santo:** Di origine latina, significa "santo" o "consacrato".

619) **Sasha:** Variante di "Alexandra" o "Alexander", di origine greca, significa "difensore degli uomini".

620) **Sauro:** Di origine greca, significa "lucertola" o "rettile".

621) **Saverio:** Di origine latina, significa "salvatore" o "colui che salva".

622) **Savino:** Di origine latina, significa "salvatore" o "colui che salva".

623) **Sebastiano:** Di origine greca, significa "venerato" o "onorevole". È anche il nome di un santo cristiano.

624) **Sebastian:** Variante inglese di "Sebastiano".

625) **Secondo:** Di origine latina, significa "secondo" o "il secondo nato".

626) **Sempronio:** Di origine latina, è un nome di famiglia romana.

627) **Serafino:** Di origine ebraica, significa "ardente" o "bruciante". È anche il nome di una classe di angeli nella tradizione cristiana.

628) **Sergio:** Di origine latina, significa "servitore" o "uomo di governo".

629) **Serle:** Di origine inglese, potrebbe essere una variante di "Searle", derivato da "Sorrel" che significa "color ruggine".

630) **Serse:** Di origine persiana, è il nome di diversi re dell'antica Persia.

631) **Sesto:** Di origine latina, significa "sesto" o "il sesto nato".

632) **Settimo:** Di origine latina, significa "settimo" o "il settimo nato".

633) **Sigfrido:** Di origine germanica, significa "pace della vittoria" o "difensore vittorioso".

634) **Sigismondo:** Di origine germanica, significa "protettore vittorioso".

635) **Silio:** Di origine romana, potrebbe essere un nome di famiglia romana.

636) **Silvano:** Di origine latina, significa "selvaggio" o "abitante della foresta".

637) **Silverio:** Di origine latina, significa "d'argento" o "simile all'argento".

638) **Silvestro:** Di origine latina, significa "selvaggio" o "abitante della foresta".

639) **Silvio:** Di origine latina, significa "selvaggio" o "abitante della foresta".

640) **Simmaco:** Di origine latina, potrebbe significare "combattente" o "guerriero".

641) **Simone:** Di origine ebraica, significa "ascoltato" o "udito".

642) **Sirio:** Di origine greca, significa "brillante" o "ardente". È anche il nome della stella più luminosa nella costellazione del Cane Maggiore.

643) **Siro:** Variante italiana di "Sirio".

644) **Splendente:** Un termine che significa "luminoso" o "brillante".

645) **Stanislao:** Di origine slava, significa "gloria" o "fama dell'essere".

646) **Stefano:** Di origine greca, significa "coronato" o "incoronato di gloria".

647) **Svevo:** Di origine tedesca, significa "svevo" o "appartenente ai Svevi", un antico popolo germanico.

648) **Swan:** Di origine inglese, significa "cigno", un elegante uccello acquatico.

T

649) **Tancredi:** Di origine germanica, significa "consigliere ardente" o "consigliere forte".

650) **Tazio:** Di origine latina, significa "taciturno" o "silenzioso".

651) **Teddy:** Diminutivo di "Edward" o "Theodore", di origine inglese, significa "guardiano delle ricchezze" o "dono di Dio".

652) **Teo:** Variante di "Teodoro", di origine greca, significa "dono di Dio".

653) **Teodoro:** Di origine greca, significa "dono di Dio".

654) **Terenzio:** Di origine latina, potrebbe derivare dal latino "terentius" e significa "di Terentum", una città dell'antica Italia.

655) **Terzo:** Di origine italiana, significa "terzo" o "il terzo nato".

656) **Teseo:** Nella mitologia greca, è un eroe e re di Atene noto per aver sconfitto il Minotauro nel labirinto di Creta.

657) **Thierry:** Variante francese di "Theodoric", di origine germanica, significa "gente potente" o "dominatore del popolo".

658) **Thomas:** Di origine aramaica, significa "gemello". È anche il nome di uno degli apostoli nel Nuovo Testamento.

659) **Tiberio:** Di origine latina, potrebbe essere associato al fiume Tevere a Roma. È anche il nome di uno degli imperatori romani.

660) **Timo:** Di origine greca, significa "onorare Dio" o

"degnamente onorato".

661) **Timoteo:** Di origine greca, significa "onorare Dio" o "che onora Dio".

662) **Timothy:** Variante inglese di "Timoteo".

663) **Tito:** Di origine latina, significa "onore" o "rispetto".

664) **Tiziano:** Di origine latina, significa "di Tizio", un antico nome romano.

665) **Tobia:** Variante italiana di "Tobias", di origine ebraica, significa "Dio è buono".

666) **Tobias:** Di origine ebraica, significa "Dio è buono".

667) **Tolomeo:** Di origine greca, significa "guerriero coraggioso".

668) **Tommaso:** Di origine aramaica, significa "gemello". È anche il nome di uno degli apostoli nel Nuovo Testamento.

669) **Tonio:** Variante italiana di "Antonio", di origine latina, significa "prezioso" o "prezioso come l'oro".

670) **Tony:** Diminutivo di "Antonio".

671) **Torquato:** Di origine latina, significa "adornato di collane" o "ornato di gioielli".

672) **Tranquillo:** Di origine latina, significa "calmo" o "sereno".

673) **Trevis:** Di origine incerta, potrebbe essere associato a una località geografica.

674) **Tristano:** Di origine celtica, significa "triste" o "afflitto".

675) **Tullio:** Di origine latina, potrebbe derivare dal termine "tullius" e significa "sputato" o "nato dopo un parto difficile".

U

676) **Ubaldo:** Di origine germanica, significa "audace" o "coraggioso".

677) **Ubertino:** Di origine germanica, significa "brillante" o "illustre".

678) **Uberto:** Di origine germanica, significa "brillante" o "illustre".

679) **Ugo:** Di origine germanica, significa "mente intelligente" o "intelligente".

680) **Ulderico:** Di origine germanica, significa "signore della ricchezza" o "signore del patrimonio".

681) **Ulisse:** Nella mitologia greca, è il famoso eroe omerico noto per le sue astuzie durante il viaggio di ritorno da Troia, come raccontato nell'Odissea di Omero.

682) **Ulrico:** Di origine germanica, significa "signore della ricchezza" o "signore del patrimonio".

683) **Umberto:** Di origine germanica, significa "brillante" o "illustre".

684) **Urbano:** Di origine latina, significa "abitante della città" o "cittadino".

V

685) **Valdo:** Di origine germanica, significa "governante potente" o "comandante".

686) **Valentino:** Di origine latina, significa "coraggioso" o "forte".

687) **Valerio:** Di origine latina, significa "valoroso" o "coraggioso".

688) **Valter:** Variante tedesca di "Walter", di origine germanica, significa "comandante dell'esercito".

689) **Vanni:** Variante italiana di "Giovanni", di origine ebraica, significa "Dio è misericordioso".

690) **Vasco:** Di origine basca, significa "corvo" o "difensore".

691) **Velio:** Di origine etrusca, è un nome di origine antica, la cui etimologia è incerta.

692) **Vercingetorige:** Di origine celtica, è il nome di un famoso condottiero gallico che guidò la resistenza contro l'Impero romano.

693) **Vernante:** Di origine italiana, potrebbe essere associato a una località geografica.

694) **Vieri:** Di origine germanica, significa "difensore dell'esercito" o "esercito forte".

695) **Vilmaro:** Di origine germanica, significa "famoso in battaglia" o "illustre".

696) **Vincenzo:** Di origine latina, significa "vincente" o "conquistatore".

697) **Vinicio:** Di origine latina, potrebbe essere associato a "vinum", che significa "vino".

698) **Violantino:** Variante di "Viola", di origine latina, significa "viola", il fiore.

699) **Virgilio:** Di origine latina, significa "floreale" o "verde".

700) **Virginio:** Di origine latina, significa "virgine" o "casto".

701) **Vitale:** Di origine latina, significa "vita".

702) **Vito:** Di origine latina, significa "vita".

703) **Vittore:** Di origine latina, significa "vincitore" o "trionfatore".

704) **Vittorio:** Di origine latina, significa "vincitore" o "trionfatore". È anche un nome di famiglia reale italiana.

705) **Viviano:** Di origine latina, significa "vivace" o "animato".

706) **Vladimir:** Di origine slava, significa "pace del sovrano" o "regno della pace".

707) **Vladimiro:** Variante di "Vladimir".

W

708) **Walter:** Di origine germanica, significa "comandante dell'esercito".

709) **Warren:** Di origine inglese, significa "parco di gioco" o "terreno protetto".

710) **Wilky:** Variante di "Wilkie", potrebbe essere una forma abbreviata di nomi come "William" o "Wilhelm".

711) **Willer:** Di origine inglese, potrebbe essere associato a "wil", che significa "volontà" o "desiderio".

712) **William:** Di origine germanica, significa "protettore risoluto" o "uomo forte".

713) **Wilmer:** Di origine germanica, significa "famoso volontario" o "illustre".

X

714)   **Xavier:** Di origine basca, significa "casa nuova" o "luminoso".

Y

715) **Yago:** Variante spagnola di "James", di origine ebraica, significa "colui che sostituisce" o "supplanter".

716) **Yari:** Di origine giapponese, significa "affilato" o "tagliente".

717) **Yoel:** Variante di "Joel", di origine ebraica, significa "Il Signore è Dio".

718) **Yorgos:** Variante greca di "George", di origine greca, significa "coltivatore" o "agricoltore".

719) **Yuri:** Di origine russa, è un nome russo comune e può significare "contadino" o "lavoratore della terra".

Z

720) **Zaccaria:** Di origine ebraica, significa "il Signore si è ricordato" o "memoria del Signore".

721) **Zena:** Di origine greca, significa "vivo" o "cresciuto".

722) **Zeno:** Di origine greca, significa "giovane" o "crescente".

723) **Zenone:** Di origine greca, significa "giovane" o "crescente".

724) **Zulimo:** Di origine latina, potrebbe derivare da "zulus", che significa "meraviglioso" o "eccellente".

FEMMINE

A

1) **Aalina:** Variante di "Alina", significa "luce" o "splendore".

2) **Abigail:** Di origine ebraica, significa "gioia del padre" o "padre rallegrato".

3) **Achiropita:** Di origine incerta, potrebbe essere un nome di origine religiosa.

4) **Ada:** Di origine germanica, significa "nobile" o "di alta classe".

5) **Adalgisa:** Di origine germanica, significa "famosa per nobiltà".

6) **Addolorata:** Legato al significato di "afflitta" o "piena di dolore", spesso associato alla Madonna Addolorata.

7) **Adela:** Di origine germanica, significa "nobile" o "nobiltà".

8) **Adelaide:** Di origine germanica, significa "nobile" o "di alta classe".

9) **Adele:** Di origine germanica, significa "nobiltà" o "nobile".

10) **Adelia:** Variante di "Adela", significa "nobile" o "nobiltà".

11) **Adelina:** Variante di "Adela", significa "nobile" o "nobiltà".

12) **Adima:** Origine incerta, potrebbe essere un nome creato.

13) **Adriana:** Di origine latina, significa "donna di Adria" o "dalla regione dell'Adriatico".

14) **Afra:** Di origine latina, significa "africana" o "nata in Africa".

15) **Agata:** Di origine greca, significa "buona" o "virtuosa".

16) **Agnese:** Variante di "Agata", di origine greca, significa "buona" o "virtuosa".

17) **Agostina:** Femminile di "Agostino", di origine latina,

significa "venerabile" o "augusta".

18) **Agrippina:** Di origine latina, significa "nata dalla famiglia degli Agrippa".

19) **Aida:** Di origine incerta, potrebbe avere radici etniche o mitologiche.

20) **Aiko:** Di origine giapponese, significa "bambina amata" o "figlia della luce".

21) **Aisha:** Di origine araba, significa "viva" o "vivente".

22) **Alba:** Di origine latina, significa "alba" o "aurora".

23) **Alberta:** Femminile di "Alberto", di origine germanica, significa "nobile e brillante".

24) **Albina:** Di origine latina, significa "bianca" o "brillante".

25) **Alceste:** Di origine greca, significa "che non muore" o "immortale".

26) **Alda:** Di origine germanica, significa "antica" o "anziana".

27) **Aleandra:** Variante di "Alessandra", di origine greca, significa "difensore dell'uomo".

28) **Aleida:** Variante di "Adelaide", di origine germanica, significa "nobile" o "di alta classe".

29) **Alena:** Di origine slava, significa "luce" o "splendore".

30) **Alessandra:** Di origine greca, significa "difensore dell'uomo".

31) **Alessia:** Variante di "Alessandra", di origine greca, significa "difensore dell'uomo".

32) **Alexandra:** Femminile di "Alessandro", di origine greca, significa "difensore dell'uomo".

33) **Alexis:** Di origine greca, significa "difensore" o "protettore".

34) **Algisa:** Di origine germanica, significa "nobile ostaggio" o "nobile ospite".

35) **Aliana:** Variante di "Eliana", di origine ebraica, significa "il Signore mi risponde".

36) **Alice:** Di origine germanica, significa "nobile" o "di alta classe".

37) **Alicia:** Variante di "Alice", di origine germanica, significa "nobile" o "di alta classe".

38) **Alida:** Variante di "Alda", di origine germanica, significa "antica" o "anziana".

39) **Alisea:** Variante di "Alice", di origine germanica, significa "nobile" o "di alta classe".

40) **Alisee:** Variante di "Alice", di origine germanica, significa "nobile" o "di alta classe".

41) **Alissa:** Variante di "Alice", di origine germanica, significa "nobile" o "di alta classe".

42) **Allegra:** Di origine italiana, significa "allegra" o "vivace".

43) **Alma:** Di origine latina, significa "anima" o "spirito".

44) **Altea:** Nella mitologia greca, è una delle figlie di Atlante, nota per la sua bellezza.

45) **Alicya:** Variante di "Alicia" o "Alice".

46) **Allyson:** Variante di "Alice", di origine germanica, significa "nobile" o "di alta classe".

47) **Almerinda:** Di origine incerta, potrebbe essere un nome creato.

48) **Alyssa:** Di origine greca, significa "ragazza razionale" o "ragazza intelligente".

49) **Amabile:** Di origine latina, significa "amabile" o "caro".

50) **Amalia:** Di origine germanica, significa "lavoratrice" o "operosa".

51) **Amanda:** Di origine latina, significa "amabile" o "degna di essere amata".

52) **Amarilli:** Di origine greca, significa "splendida" o "radiante".

53) **Amba:** Di origine indiana, significa "madre".

54) **Ambra:** Di origine araba, significa "ambra" o "oro solido".

55) **Ambrosia:** Di origine greca, significa "immortale" o "divino".

56) **Amelia:** Di origine germanica, significa "lavoratrice" o "operosa".

57) **Amelie:** Variante di "Amelia", di origine germanica, significa "lavoratrice" o "operosa".

58) **Amina:** Di origine araba, significa "fiduciosa" o "degna di fiducia".

59) **Amira:** Di origine araba, significa "principessa" o "nobile".

60) **Anagaia:** Di origine greca, significa "grazia divina" o "bellezza celestiale".

61) **Anastasia:** Di origine greca, significa "resurrezione" o "rinascita".

62) **Ancilla:** Di origine latina, significa "ancilla" o "serva".

63) **Andreina:** Femminile di "Andrea", di origine greca, significa "coraggiosa" o "audace".

64) **Angela:** Di origine greca, significa "messaggera" o "portatrice di buone notizie".

65) **Angelica:** Di origine greca, significa "angelica" o "divina".

66) **Angiolina:** Variante di "Angelica", di origine greca, significa "angelica" o "divina".

67) **Anika:** Di origine slava, significa "graziosa" o "dolce".

68) **Anita:** Diminutivo di "Anna", di origine ebraica, significa "graziosa" o "piena di grazia".

69) **Anna:** Di origine ebraica, significa "graziosa" o "piena di grazia".

70) **Annabella:** Combinazione di "Anna" e "bella", significa "graziosa e bella".

71) **Annachiara:** Combinazione di "Anna" e "chiara", significa "graziosa e chiara".

72) **Annalaura:** Combinazione di "Anna" e "Laura", significa "graziosa e luminosa".

73) **Annalisa:** Combinazione di "Anna" e "Lisa", significa "graziosa e consacrata a Dio".

74) **Annaluna:** Combinazione di "Anna" e "luna", significa "graziosa come la luna".

75) **Annamaria:** Combinazione di "Anna" e "Maria", significa "graziosa e amata da Dio".

76) **Annarella:** Diminutivo affettuoso di "Anna".

77) **Annarita:** Combinazione di "Anna" e "Rita", significa "graziosa e perla".

78) **Annarosa:** Combinazione di "Anna" e "rosa", significa "graziosa e rosa".

79) **Annasofia:** Combinazione di "Anna" e "Sofia", significa "graziosa e saggia".

80) **AnnaVera:** Combinazione di "Anna" e "Vera", significa "graziosa e vera".

81) **Annika:** Di origine svedese, significa "graziosa" o "dolce".

82) **Annunziata:** Di origine latina, significa "annunciata" o "colei che porta buone notizie".

83) **Antea:** Di origine greca, significa "prima" o "precedente".

84) **Antida:** Di origine greca, significa "contraria" o "opposta".

85) **Antiniska:** Di origine sioux, significa "piccola".

86) **Antonella:** Femminile di "Antonio", di origine latina, significa "preziosa" o "perla".

87) **Antonia:** Di origine latina, significa "preziosa" o "inestimabile".

88) **Antonicca:** Variante di "Antonia".

89) **Antonietta:** Variante di "Antonia", significa "piccola Antonia".

90) **Antonina:** Variante di "Antonia", significa "piccola Antonia".

91) **Anusca:** Di origine incerta, potrebbe essere una variante di "Anna".

92) **Aquilina:** Di origine latina, significa "aquila" o "donna forte".

93) **Arcangela:** Di origine greca, significa "angelo potente".

94) **Aria:** Di origine italiana, significa "aria" o "melodia".

95) **Argenide:** Di origine greca, significa "nata d'argento" o "argentea".

96) **Arianna:** Di origine greca, significa "santuario di Artemide" o "molto pura".

97) **Arianne:** Variante di "Arianna", di origine greca.

98) **Ariel:** Di origine ebraica, significa "leone di Dio" o "altissimo".

99) **Ariela:** Variante di "Ariel", di origine ebraica.

100) **Ariele:** Variante di "Ariel", di origine ebraica.

101) **Arlena:** Di origine incerta, potrebbe essere una variante di "Arlene" o "Arlina".

102) **Armida:** Di origine italiana, potrebbe essere associato a un personaggio dell'epopea medievale.

103) **Artemia:** Di origine greca, significa "consacrata ad Artemide" o "appartenente ad Artemide".

104) **Artemide:** Nella mitologia greca, è la dea della caccia e della natura selvaggia.

105) **Artemisia:** Di origine greca, significa "salute di Artemide" o "sana e forte come Artemide".

106) **Ascenza:** Di origine latina, significa "ascensione" o "elevazione".

107) **Ashasa:** Origine incerta.

108) **Asia:** Di origine greca, significa "orientale" o "appartenente all'Asia".

109) **Asmara:** Di origine araba, significa "amore" o "desiderio".

110) **Assia:** Di origine greca, significa "margherita".

111) **Assunta:** Di origine latina, significa "assunta in cielo"

o "presenza divina".

112) **Assunta Maria:** Combinazione dei nomi "Assunta" e "Maria".

113) **Astrid:** Di origine norrena, significa "bellezza divina" o "amata dagli dei".

114) **Augusta:** Di origine latina, significa "maestosa" o "imponente".

115) **Aura:** Di origine latina, significa "vento" o "brezza".

116) **Aurea:** Di origine latina, significa "dorata" o "preziosa".

117) **Aurelia:** Di origine latina, significa "dorata" o "luccicante".

118) **Aurora:** Di origine latina, significa "alba" o "luce del mattino".

119) **Azue:** Origine incerta.

120) **Azzurra:** Di origine italiana, significa "azzurra" o "del colore dell'azzurro".

B

121) **Barbara:** Di origine greca, significa "straniera" o "estranea".

122) **Beata:** Di origine latina, significa "benedetta" o "felice".

123) **Beatrice:** Di origine latina, significa "colei che rende felici" o "portatrice di gioia".

124) **Belinda:** Di origine spagnola, significa "bella" o "attraente".

125) **Bella:** Di origine italiana, significa "bella" o "graziosa".

126) **Benedetta:** Di origine latina, significa "benedetta" o "favorita da Dio".

127) **Berenice:** Di origine greca, significa "portatrice di vittoria" o "vincitrice".

128) **Bernadette:** Di origine tedesca, significa "forte come un orso".

129) **Berta:** Di origine germanica, significa "luminosa" o "illustre".

130) **Bertilla:** Di origine germanica, significa "illustre" o "luminosa".

131) **Betta:** Variante di "Elisabetta", di origine ebraica, significa "Dio è il mio giuramento".

132) **Betty:** Variante di "Elisabetta", di origine ebraica, significa "Dio è il mio giuramento".

133) **Bianca:** Di origine italiana, significa "bianca" o "luminosa".

134)	**Bibiana:** Di origine latina, significa "vivace" o "vivace".

135)	**Bice:** Variante di "Beatrice", di origine latina, significa "colei che rende felice".

136)	**Bonaria:** Di origine italiana, significa "buona" o "gentile".

137)	**Bonella:** Di origine italiana, significa "buona" o "gentile".

138)	**Brenda:** Di origine irlandese, significa "principessa" o "spettacolare".

139)	**Brigida:** Di origine celtica, significa "forte" o "potente".

140)	**Brigitta:** Variante di "Brigida", di origine celtica.

141)	**Bruna:** Di origine italiana, significa "bruna" o "di colore scuro".

142)	**Brunella:** Di origine italiana, significa "piccola bruna" o "di colore scuro".

143)	**Brunetta:** Di origine italiana, significa "piccola bruna" o "di colore scuro".

144)	**Brunilde:** Di origine germanica, significa "combattente" o "guerriera".

C

145)	Caide: Origine incerta, potrebbe essere una variante di "Cade" o avere radici celtiche.

146)	Camilla: Di origine etrusca, significa "sacerdotessa" o "servitrice di un tempio".

147)	Candida: Di origine latina, significa "candida" o "pura".

148)	Carla: Di origine germanica, significa "donna libera" o "forte".

149)	Carlotta: Variante di "Carlotta", di origine germanica, significa "donna libera" o "forte".

150)	Carmela: Di origine ebraica, significa "giardino di Dio" o "vigneto di Dio".

151)	Carmen: Di origine spagnola, significa "canto" o "poesia".

152)	Carola: Variante di "Carla", di origine germanica, significa "donna libera" o "forte".

153)	Carolina: Di origine germanica, significa "donna libera" o "forte".

154)	Cartisia: Origine incerta.

155)	Cassandra: Di origine greca, significa "colei che esce fuori" o "profetessa".

156)	Cassiopea: Nella mitologia greca, è la regina etiope, madre di Andromeda.

157)	Caterina: Di origine greca, significa "pura" o "innocente".

158)   Catia: Variante di "Caterina", di origine greca.

159)   Cecilia: Di origine latina, significa "cecità" o "la via dei ciechi".

160)   Celeste: Di origine latina, significa "celeste" o "divino".

161)   Celestina: Di origine latina, significa "celeste" o "divina".

162)   Cesidia: Di origine latina, significa "appartenente a Cesio" o "appartenente a un antico clan romano".

163)   Cesira: Di origine latina, significa "capelli neri" o "capelli scuri".

164)   Chantal: Di origine francese, significa "pietra" o "roccia".

165)   Chelsea: Di origine inglese, potrebbe avere radici geografiche o storiche.

166)   Chiara: Di origine italiana, significa "chiara" o "luminosa".

167)   Chiaraluna: Combinazione di "Chiara" e "Luna", significa "chiaro di luna" o "luna luminosa".

168)   Christine: Variante di "Cristina", di origine latina, significa "consacrata a Cristo".

169)   Cinzia: Di origine greca, significa "appartenente a Artemide" o "luminosa".

170)   Cira: Di origine latina, potrebbe essere una variante di "Cirilla" o "Cirillo".

171)   Claire: Di origine francese, significa "chiara" o "luminosa".

172)   Clara: Di origine latina, significa "chiara" o "luminosa".

173)   Claretta: Variante di "Clara", di origine latina.

174)   Clarita: Variante di "Clara", di origine latina.

175)   Clarissa: Di origine latina, significa "chiara" o

"luminosa".

176) Claudia: Di origine latina, significa "zoppa" o "costruita con zolle di terra".

177) Clea: Di origine greca, significa "gloria" o "fama".

178) Cleide: Di origine incerta.

179) Clelia: Di origine latina, significa "chiara" o "luminosa".

180) Clementina: Di origine latina, significa "mild" o "gentile".

181) Cleneide: Di origine incerta, potrebbe essere una variante di "Cleide".

182) Cleo: Di origine greca, significa "gloria" o "fama".

183) Cleopatra: Di origine greca, significa "padre glorioso" o "gloria del padre".

184) Cleofe: Di origine greca, significa "gloria" o "fama".

185) Cleziana: Origine incerta.

186) Cleonice: Di origine greca, significa "gloria" o "fama".

187) Clio: Nella mitologia greca, è la musa della storia.

188) Clodovea: Di origine germanica, significa "famosa per la battaglia".

189) Cloe: Di origine greca, significa "verde" o "fresco".

190) Cloide: Di origine incerta.

191) Clorinda: Di origine greca, significa "dorata" o "colorata".

192) Clotilde: Di origine germanica, significa "battaglia gloriosa" o "guerriera illustre".

193) Colomba: Di origine latina, significa "colomba" o "simbolo di pace".

194) Concetta: Di origine latina, significa "concepita" o "concezione immacolata".

195) Conny: Variante di "Connie", potrebbe essere un diminutivo di "Concetta" o "Constance".

196) Connie: Variante di "Constance", di origine latina, significa "costanza" o "perseveranza".

197) Consolata: Di origine latina, significa "consolata" o "confortata".

198) Consuelo: Di origine spagnola, significa "consolazione" o "conforto".

199) Corinne: Di origine greca, significa "ragazza" o "donzella".

200) Cornelia: Di origine latina, significa "appartenente alla gens Cornelia" o "donna coraggiosa".

201) Cosetta: Variante di "Concetta", di origine latina.

202) Costanza: Di origine latina, significa "costanza" o "perseveranza".

203) Creta: Di origine incerta.

204) Cristel: Variante di "Christine", di origine latina.

205) Cora: Di origine greca, significa "ragazza" o "donzella".

206) Cristiana: Di origine latina, significa "consacrata a Cristo".

207) Cristina: Di origine latina, significa "consacrata a Cristo".

208) Cristyn: Variante di "Christine" o "Kristin".

D

209) **Dafne:** Nella mitologia greca, Dafne è una ninfa trasformata in alloro.

210) **Daisy:** Di origine inglese, significa "margherita" o "occhio del giorno".

211) **Dalia:** Di origine ebraica, significa "ramo di palma" o "fiore".

212) **Dalila:** Di origine ebraica, significa "delicata" o "dolce".

213) **Damaris:** Di origine greca, significa "domatrice" o "addomesticatrice".

214) **Damiana:** Di origine latina, significa "appartenente a Demetra" o "donna della terra".

215) **Dana:** Di origine irlandese, significa "antica" o "dal fiume Danube".

216) **Dania:** Di origine slava, significa "Dane" o "dal fiume Danube".

217) **Daniela:** Variante di "Dana", significa "Dane" o "dal fiume Danube".

218) **Danila:** Variante di "Daniela", significa "Dane" o "dal fiume Danube".

219) **Danuska:** Variante di "Danuta", di origine slava.

220) **Danuta:** Di origine slava, significa "Dane" o "dal fiume Danube".

221) **Danzia:** Origine incerta.

222) **Daria:** Di origine persiana, significa "ricca" o "regina".

223) **Dariella:** Variante di "Daria", significa "ricca" o

"regina".

224) **Dea:** Di origine latina, significa "dea" o "divinità femminile".

225) **Debora:** Di origine ebraica, significa "ape" o "lavoratrice".

226) **Deborah:** Variante di "Debora", significa "ape" o "lavoratrice".

227) **Delia:** Di origine greca, significa "dea" o "figlia di Delo".

228) **Delfina:** Di origine greca, significa "delfino" o "figlia del mare".

229) **Delinda:** Variante di "Delia", significa "dea" o "figlia di Delo".

230) **Demetra:** Nella mitologia greca, è la dea della fertilità e dell'agricoltura.

231) **Demetria:** Variante di "Demetra", significa "appartenente a Demetra".

232) **Demi:** Diminutivo di "Demetra" o "Demetria".

233) **Denise:** Di origine francese, significa "appartenente a Dioniso" o "consacrata a Dioniso".

234) **Desdemona:** Di origine greca, significa "disgraziata" o "infelice".

235) **Desiree:** Di origine francese, significa "desiderio" o "brama".

236) **Desideria:** Di origine latina, significa "desiderio" o "brama".

237) **Dharma:** Di origine sanscrita, significa "legge cosmica" o "decreto divino".

238) **Diamante:** Di origine greca, significa "invincibile" o "eterno".

239) **Diamara:** Combinazione di "Diamante" e "Mara", significa "amara" o "rancorosa".

240) **Diana:** Nella mitologia romana, è la dea della caccia e della luna.

241) **Diletta:** Di origine latina, significa "amata" o "cara".

242) **Dina:** Di origine ebraica, significa "giudicata" o "giudizio divino".

243) **Diomira:** Di origine incerta.

244) **Diva:** Di origine latina, significa "dea" o "divinità femminile".

245) **Dolores:** Di origine spagnola, significa "dolori" o "afflizioni".

246) **Domenica:** Di origine italiana, significa "domenicale" o "appartenente al Signore".

247) **Domezia:** Di origine latina, significa "consacrata a Domizio" o "appartenente a Domizio".

248) **Dominic:** Variante di "Domenica", significa "appartenente al Signore".

249) **Domitilla:** Di origine latina, significa "domestica" o "servitrice".

250) **Domiziana:** Di origine latina, significa "appartenente a Domizio" o "consacrata a Domizio".

251) **Donatella:** Di origine latina, significa "dona" o "che porta doni".

252) **Donna:** Di origine italiana, significa "donna" o "signora".

253) **Dora:** Di origine greca, significa "dono" o "regalo".

254) **Doralice:** Di origine italiana, significa "dorato" o "biondo".

255) **Dorella:** Variante di "Dora", significa "dono" o "regalo".

256) **Doris:** Di origine greca, significa "dona" o "regalo".

257) **Doriana:** Femminile di "Dorian", di origine greca.

258) **Dorina:** Variante di "Dora", significa "dono" o "regalo".

259) **Dorotea:** Di origine greca, significa "dono di Dio" o "regalo divino".

260) **Doroty:** Variante di "Dorothy", di origine greca.

261) **Drusiana:** Di origine latina, significa "appartenente ai Drusi" o "appartenente alla gens Drusia".

262) **Drusilla:** Variante di "Drusiana", di origine latina.

E

263)   **Ebe:** Nella mitologia greca, è la dea della giovinezza e della fecondità.

264)   **Edda:** Di origine norrena, significa "beneamata" o "nonna".

265)   **Edgarda:** Variante di "Edgardo", di origine anglosassone.

266)   **Edi:** Diminutivo di nomi che iniziano con "Ed-", come Edith o Edna.

267)   **Edith:** Di origine inglese, significa "ricca di doni" o "guerriera felice".

268)   **Edna:** Di origine ebraica, significa "piacere" o "delizia".

269)   **Edvige:** Di origine germanica, significa "combattente" o "guerriera".

270)   **Efrem:** Di origine ebraica, significa "fruttifero" o "prospero".

271)   **Egizia:** Di origine egizia, significa "appartenente all'Egitto".

272)   **Egle:** Nella mitologia greca, è una delle tre Graie, creature mitologiche.

273)   **Ela:** Di origine turca, significa "mela".

274)   **Elaine:** Di origine francese, significa "luce".

275)   **Elba:** Di origine incerta.

276)   **Elda:** Di origine germanica, significa "nobile" o "anziana".

277)   **Elena:** Di origine greca, significa "splendore" o "la

risplendente".

278) **Elenia:** Variante di "Elena", significa "splendore" o "la risplendente".

279) **Eleonora:** Di origine greca, significa "luce splendente".

280) **Elektra:** Nella mitologia greca, è una delle figlie di Agamennone e Clitennestra.

281) **Elettra:** Variante di "Elektra", significa "splendente" o "luminosa".

282) **Elga:** Di origine scandinava, significa "protezione divina".

283) **Eliana:** Di origine ebraica, significa "Il Signore risponde" o "Dio ha risposto".

284) **Elide:** Di origine greca, significa "proveniente da Elide" o "radiante".

285) **Elisa:** Variante di "Elisabetta", significa "Dio è il mio giuramento".

286) **Elisabetta:** Di origine ebraica, significa "Dio è il mio giuramento".

287) **Eloisa:** Variante di "Elisa", significa "Dio è il mio giuramento".

288) **Elsa:** Di origine tedesca, significa "Deus lo vult" o "Dio lo vuole".

289) **Elti:** Di origine albanese.

290) **Elva:** Di origine norrena, significa "elfo" o "fata".

291) **Elvi:** Di origine norrena, significa "elfo" o "fata".

292) **Elvira:** Di origine spagnola, significa "vera" o "sincera".

293) **Emanuela:** Femminile di "Emanuele", di origine ebraica, significa "Dio è con noi".

294) **Emerenziana:** Derivato da "Emerenzio", di origine

latina.

295) **Emi:** Di origine giapponese, significa "benedizione" o "bellezza".

296) **Emilia:** Di origine latina, significa "ambiziosa" o "lavoratrice".

297) **Emma:** Di origine germanica, significa "intera" o "universale".

298) **Emily:** Variante di "Emma", significa "industriosa" o "lavoratrice".

299) **Enila:** Di origine albanese.

300) **Enola:** Di origine nativa americana, significa "solitaria".

301) **Enore:** Di origine latina, significa "coraggiosa".

302) **Ermelinda:** Di origine germanica, significa "serpente universale" o "guerriera".

303) **Enrichetta:** Variante di "Enrica", significa "casa del signore" o "governante del signore".

304) **Eralda:** Di origine albanese.

305) **Ergenide:** Di origine albanese.

306) **Erica:** Di origine norrena, significa "regina eterna" o "sempre regnante".

307) **Erika:** Variante di "Erica", significa "regina eterna" o "sempre regnante".

308) **Ermelinda:** Di origine germanica, significa "serpente universale" o "guerriera".

309) **Erminia:** Di origine germanica, significa "intera" o "universale".

310) **Ernesta:** Femminile di "Ernesto", di origine germanica, significa "serio" o "deciso".

311) **Ersilia:** Di origine latina, significa "libera" o "indipendente".

312) **Ersilde:** Variante di "Ersilia", significa "libera" o "indipendente".

313) **Esmeralda:** Di origine spagnola, significa "smeraldo" o "verde brillante".

314) **Ester:** Di origine persiana, significa "stella" o "asterismo".

315) **Eufemia:** Di origine greca, significa "dal bel parlare" o "eloquente".

316) **Eufrasia:** Di origine greca, significa "gioia" o "allegria".

317) **Eugenia:** Di origine greca, significa "bene nata" o "nobile".

318) **Eva:** Di origine ebraica, significa "vivente" o "colei che dà la vita".

319) **Evelina:** Variante di "Eva", significa "vivente" o "colei che dà la vita".

320) **Evelyne:** Variante di "Evelina", significa "vivente" o "colei che dà la vita".

321) **Evita:** Variante di "Eva", significa "vivente" o "colei che dà la vita".

F

322) **Fabia:** Di origine latina, significa "coltivatrice di fave".

323) **Fabiana:** Femminile di "Fabiano", derivato da "Fabio", di origine latina, significa "coltivatore".

324) **Fabiola:** Di origine latina, significa "coltivatrice di fave".

325) **Fabrizia:** Femminile di "Fabrizio", di origine latina, significa "artigiano" o "colui che lavora con le mani".

326) **Fanny:** Variante di "Francesca", di origine latina, significa "libera" o "francese".

327) **Fatima:** Di origine araba, significa "la che sveglia" o "colei che abbatte".

328) **Fausta:** Di origine latina, significa "fortunata" o "felice".

329) **Febe:** Nella mitologia greca, è una dea della luce e dell'intelligenza.

330) **Federica:** Femminile di "Federico", di origine germanica, significa "pace" e "dominare".

331) **Fedora:** Di origine greca, significa "dono di Dio" o "regalo divino".

332) **Fedra:** Nella mitologia greca, è la moglie di Teseo e amante di Ippolito.

333) **Felicia:** Di origine latina, significa "felice" o "fortunata".

334) **Fernanda:** Di origine germanica, significa "viaggiatore audace" o "coraggiosa".

335) **Femke:** Di origine olandese, significa "piccola donna".

336) **Fiamma:** Di origine italiana, significa "fiamma" o "fuoco".

337) **Fiammetta:** Diminutivo di "Fiamma", significa "piccola fiamma" o "piccolo fuoco".

338) **Filippa:** Femminile di "Filippo", di origine greca, significa "amante dei cavalli".

339) **Filomena:** Di origine greca, significa "amante della luce" o "amichevole".

340) **Fiona:** Di origine scozzese, significa "bianco", "luminoso" o "biondo".

341) **Fiordalisa:** Composto da "fiore" e "lilla", rappresenta la lillà floreale.

342) **Fiorenza:** Di origine italiana, significa "fiorente" o "abbondante di fiori".

343) **Flaminia:** Di origine latina, significa "appartenente alla gens Flaminia".

344) **Flavia:** Di origine latina, significa "bionda" o "dorata".

345) **Flaviana:** Femminile di "Flaviano", derivato da "Flavio", significa "biondo" o "dorato".

346) **Flora:** Nella mitologia romana, è la dea dei fiori e della primavera.

347) **Floriana:** Femminile di "Floriano", significa "appartenente alla gens Floria".

348) **Florinda:** Variante di "Flora", significa "fiore" o "fiorita".

349) **Fiorella:** Diminutivo di "Fiore", significa "piccolo fiore" o "fiorellino".

350) **Fortuna:** Di origine latina, significa "fortuna" o "destino".

351) **Fortunata:** Di origine latina, significa "fortunata" o

"felice".

352) **Fosca:** Di origine latina, significa "oscura" o "misteriosa".

353) **Franca:** Di origine germanica, significa "libera" o "franca".

354) **Francesca:** Femminile di "Francesco", di origine latina, significa "libera" o "franca".

355) **Frida:** Di origine germanica, significa "pace".

356) **Fulvia:** Di origine latina, significa "fulvo" o "biondo scuro".

357) **Futura:** Di origine latina, significa "futura" o "avvenire".

G

358)   **Gabriella:** Femminile di "Gabriele", di origine ebraica, significa "Dio è la mia forza".

359)   **Gaetana:** Femminile di "Gaetano", di origine latina, significa "proveniente da Gaeta" (una città italiana).

360)   **Gaia:** Di origine latina, significa "terra" o "territorio".

361)   **Gavina:** Di origine latina, significa "gabbiano" o "donnola".

362)   **Gea:** Nella mitologia greca, è la dea della Terra.

363)   **Gelsomina:** Di origine italiana, significa "gelsomino", un tipo di fiore.

364)   **Gemma:** Di origine latina, significa "pietra preziosa".

365)   **Genesia:** Di origine latina, significa "nata da" o "generata da".

366)   **Genevieve:** Di origine celtica, significa "donnola bianca" o "bianco".

367)   **Genny:** Variante di "Ginevra", significa "donnola bianca" o "bianco".

368)   **Genoveffa:** Di origine germanica, significa "donnola bianca" o "bianco".

369)   **Genziana:** Nome di un fiore, la genziana.

370)   **Georgiana:** Femminile di "Giorgio", di origine greca, significa "agricoltore" o "coltivatore della terra".

371)   **Geraldina:** Femminile di "Gerald", di origine germanica, significa "regola di lancia" o "sovrana".

372)   **Gerarda:** Femminile di "Gerardo", di origine

germanica, significa "forte con la lancia".

373) **Germana:** Di origine latina, significa "sorella" o "germana".

374) **Gertrud:** Di origine germanica, significa "forza della lancia" o "fedelta".

375) **Gertrude:** Di origine germanica, significa "forza della lancia" o "fedelta".

376) **Giacinta:** Di origine greca, significa "fiori di giacinto".

377) **Giada:** Di origine italiana, significa "pietra preziosa" o "verde".

378) **Giamila:** Variante di "Gemma", significa "pietra preziosa".

379) **Gianna:** Femminile di "Giovanni", di origine ebraica, significa "Dio è favorevole" o "Dio è misericordioso".

380) **Giannina:** Diminutivo di "Gianna", significa "piccola Gianna".

381) **Gigliola:** Di origine italiana, significa "piccolo giglio".

382) **Gilda:** Di origine germanica, significa "donnola" o "valorosa guerriera".

383) **Gina:** Variante di "Regina", di origine latina, significa "regina".

384) **Ginevra:** Di origine celtica, significa "bianco", "bianca" o "donna bianca".

385) **Gioia:** Di origine italiana, significa "gioia" o "felicità".

386) **Giordana:** Femminile di "Giordano", di origine ebraica, significa "colui che discende dal fiume Giordano".

387) **Giorgia:** Femminile di "Giorgio", di origine greca, significa "colui che lavora la terra".

388) **Giovanna:** Femminile di "Giovanni", di origine ebraica, significa "Dio è favorevole" o "Dio è misericordioso".

389) **Giovita:** Di origine latina, significa "vita" o "vivente".

390) **Gisella:** Di origine germanica, significa "fanciulla ostinata" o "ostinata in battaglia".

391) **Giuditta:** Di origine ebraica, significa "Dio è la lode".

392) **Giulia:** Femminile di "Giulio", di origine latina, significa "di discendenza Giulia" o "dal clan dei Giulii".

393) **Giuliana:** Femminile di "Giuliano", di origine latina, significa "appartenente alla gens Julia".

394) **Giulietta:** Diminutivo di "Giulia", significa "piccola Giulia".

395) **Giuseppina:** Femminile di "Giuseppe", di origine ebraica, significa "Dio aggiunga" o "Dio aumenti".

396) **Giustina:** Femminile di "Giustino", di origine latina, significa "giusta" o "equa".

397) **Giusy:** Diminutivo di "Giuseppina", significa "piccola Giuseppina".

398) **Glenda:** Di origine gaelica, significa "valle stretta" o "terra dal confine".

399) **Gloria:** Di origine latina, significa "gloria" o "onore".

400) **Grazia:** Di origine latina, significa "grazia" o "eleganza".

401) **Graziana:** Femminile di "Graziano", di origine latina, significa "appartenente alla gens Grazia".

402) **Graziella:** Diminutivo di "Grazia", significa "piccola grazia" o "graziella".

403) **Greta:** Diminutivo di "Margherita", significa "perla".

404) **Griselda:** Di origine germanica, significa "guerriera in armatura grigia" o "donnola grigia".

405) **Guadalupe:** Di origine spagnola, nome ispirato alla Madonna di Guadalupe.

406) **Guendalina:** Diminutivo di "Gwendalina", significa "benedizione bianca".

407)   **Guia:** Di origine latina, significa "guida" o "colei che guida".

H

408) **Haleney:** Nome di origine incerta, potrebbe essere una variante di "Haley" o un nome creato in modo unico.

409) **Heather:** Di origine inglese, significa "erica" o "pianta dai fiori rosa".

410) **Heide:** Variante di "Heidi", nome tedesco, potrebbe essere una forma abbreviata di "Adelheid" che significa "nobile".

411) **Helen:** Di origine greca, significa "splendore" o "luce".

412) **Helena:** Variante di "Helen", di origine greca, significa "splendore" o "luce".

413) **Helga:** Di origine norrena, significa "santa" o "consacrata".

414) **Helene:** Variante di "Helen", di origine greca, significa "splendore" o "luce".

415) **Hilary:** Di origine latina, significa "allegra" o "viva".

416) **Hoara:** Nome di origine incerta, potrebbe essere una forma modificata di un altro nome.

417) **Iaele:** Di origine ebraica, potrebbe essere una variante di "Jael" che significa "capra" o "montone".

I

418) **Iara:** Nome di origine incerta, potrebbe avere radici nella cultura brasiliana e significare "signora delle acque".

419) **Ida:** Di origine germanica, significa "lavoratrice" o "attiva".

420) **Ifigenia:** Di origine greca, significa "forza" o "nascosta".

421) **Ilaria:** Di origine latina, significa "allegra" o "viva".

422) **Ilda:** Di origine germanica, significa "guerriera" o "battagliera".

423) **Ileana:** Variante di "Elena", di origine greca, significa "splendore" o "luce".

424) **Ilene:** Variante di "Helene", di origine greca, significa "splendore" o "luce".

425) **Ilenia:** Variante di "Elena", di origine greca, significa "splendore" o "luce".

426) **Immacolata:** Di origine latina, significa "senza macchia" o "pura".

427) **India:** Di origine inglese, potrebbe fare riferimento al paese o indicare una persona proveniente dall'India.

428) **Ines:** Variante di "Ines", di origine spagnola, significa "aglione" o "casto".

429) **Ingrid:** Di origine scandinava, significa "bella" o "amata".

430) **Iolanda:** Di origine greca, significa "violetta" o "viola".

431) **Iole:** Di origine greca, significa "violetta" o "viola".

432) **Ionia:** Di origine greca, potrebbe riferirsi a una regione storica.

433) **Ippolita:** Di origine greca, significa "cavaliera" o "colei che segue i cavalli".

434) **Ira:** Di origine latina, significa "ira" o "rabbia".

435) **Irene:** Di origine greca, significa "pace".

436) **Iridea:** Di origine greca, significa "arcobaleno".

437) **Irina:** Variante russa di "Irene", significa "pace".

438) **Iris:** Di origine greca, significa "arcobaleno".

439) **Irma:** Di origine germanica, significa "grande" o "nobile".

440) **Isa:** Variante di "Isabella", di origine italiana, significa "Dio è giuramento".

441) **Isabel:** Variante di "Isabella", di origine spagnola, significa "Dio è giuramento".

442) **Isabella:** Di origine italiana, significa "Dio è giuramento".

443) **Isadora:** Di origine greca, significa "donatrice di doni" o "regina".

444) **Isaura:** Di origine greca, significa "abitante dell'Isauria" (regione storica).

445) **Isella:** Di origine incerta, potrebbe essere un nome creato in modo unico.

446) **Iside:** Di origine greca, nome della dea egizia della fertilità e dell'amore.

447) **Isidora:** Di origine greca, significa "regina" o "dona alleanza".

448) **Isira:** Di origine incerta, potrebbe essere un nome creato in modo unico.

449) **Isotta:** Di origine italiana, variante di "Isolde", potrebbe significare "bella".

450)	**Italia:** Nome che fa riferimento al paese Italia.

451)	**Iva:** Di origine slava, significa "tasso" (pianta).

452)	**Ivana:** Di origine slava, significa "Dio è misericordioso".

453)	**Ivania:** Variante di "Ivana", di origine slava, significa "Dio è misericordioso".

454)	**Ivonne:** Variante di "Yvonne", di origine francese, significa "teca d'if" o "arcobaleno".

J

455)   **Jamila:** Di origine araba, significa "bella" o "elegante".

456)   **Jana:** Di origine slava, significa "Dio è misericordioso".

457)   **Jane:** Variante di "Jeanne" o "Giovanna", di origine inglese, significa "Dio è misericordioso".

458)   **Janira:** Di origine incerta, potrebbe essere una variante di "Janice" o un nome creato in modo unico.

459)   **Jasmine:** Di origine persiana, significa "fiore di gelsomino".

460)   **Jelena:** Di origine slava, significa "radiante" o "luce splendente".

461)   **Jenisha:** Di origine incerta, potrebbe essere un nome creato in modo unico.

462)   **Jennifer:** Di origine inglese, potrebbe derivare da "Guinevere" e significa "bianca" o "fiera".

463)   **Jenny:** Variante di "Jennifer", di origine inglese, significa "bianca" o "fiera".

464)   **Jessica:** Di origine ebraica, significa "ricca" o "Dio veglia".

465)   **Jillian:** Di origine inglese, significa "giovane" o "giovanile".

466)   **Joanna:** Variante di "Giovanna", di origine ebraica, significa "Dio è misericordioso".

467)   **Jole:** Variante di "Giulia" o "Giulietta", di origine latina, significa "giovane" o "giovanile".

468)   **Jolanda:** Variante di "Yolanda", di origine greca,

significa "viola" o "violetta".

469) **Josephine:** Di origine ebraica, significa "Dio aggiunga" o "aumenti".

470) **Jovana:** Variante di "Giovanna", di origine ebraica, significa "Dio è misericordioso".

471) **Judith:** Di origine ebraica, significa "lode" o "onore".

472) **Julia:** Variante di "Giulia", di origine latina, significa "giovane" o "giovanile".

473) **Junia:** Di origine latina, significa "giovane" o "giovanile".

474) **Justine:** Di origine latina, significa "giusta" o "equa".

K

475) **Karin:** Variante di "Catherine" o "Caterina", di origine greca, significa "pura" o "immacolata".

476) **Kate:** Variante di "Katherine" o "Caterina", di origine greca, significa "pura" o "immacolata".

477) **Katia:** Variante di "Catherine" o "Caterina", di origine greca, significa "pura" o "immacolata".

478) **Katiuscia:** Variante di "Catherine" o "Caterina", di origine greca, significa "pura" o "immacolata".

479) **Katusca:** Variante di "Katiuscia", di origine greca, significa "pura" o "immacolata".

480) **Kayla:** Di origine inglese, potrebbe essere una variante di "Kay" o "Katherine".

481) **Kenan:** Di origine turca, significa "il primo" o "il primo della famiglia".

482) **Kendra:** Di origine inglese, significa "acqua di sorgente" o "capo di guerra".

483) **Ketty:** Variante di "Katie", diminutivo di "Katherine" o "Caterina".

484) **Kira:** Di origine russa, significa "signora" o "sovrana".

485) **Kisha:** Di origine incerta, potrebbe essere una variante di "Keisha" o un nome creato in modo unico.

486) **Kristel:** Variante di "Crystal", di origine inglese, significa "cristallo" o "luce cristallina".

487) **Krizia:** Di origine greca, potrebbe significare "oro" o "dorato".

L

488) **Laide:** Di origine greca, significa "discendente di Laio".

489) **Laila:** Di origine araba, significa "notte" o "buio".

490) **Lalla:** Di origine araba, è un termine di rispetto e affetto.

491) **Lara:** Di origine latina, significa "proteggere" o "difendere".

492) **Larissa:** Di origine greca, potrebbe significare "città forte" o "città fortificata".

493) **Laura:** Di origine latina, significa "alloro" o "vittoriosa".

494) **Lavinia:** Di origine latina, potrebbe significare "lavanda" o "pura".

495) **Layla:** Di origine araba, significa "notte" o "buio".

496) **Lea:** Di origine ebraica, significa "stancarsi" o "fatica".

497) **Leda:** Di origine greca, significa "donna che sa di piacere".

498) **Leila:** Di origine araba, significa "notte" o "buio".

499) **Lela:** Variante di "Leila", di origine araba, significa "notte" o "buio".

500) **Lella:** Forma affettuosa di "Elena", di origine greca, significa "splendore" o "fiamma".

501) **Leondina:** Variante di "Leontina", di origine greca, significa "come una leonessa".

502) **Leonilda:** Combinazione di "Leone" e "Hilda",

potrebbe significare "combattente leonessa".

503) **Lena:** Variante di "Helena" o "Elena", di origine greca, significa "splendore" o "fiamma".

504) **Letizia:** Di origine latina, significa "gioia" o "allegria".

505) **Lia:** Di origine ebraica, significa "capra" o "dolce".

506) **Liana:** Di origine latina, significa "leggera" o "graziosa".

507) **Liala:** Variante di "Liana", di origine latina, significa "leggera" o "graziosa".

508) **Libera:** Di origine latina, significa "libera" o "indipendente".

509) **Licia:** Variante di "Alice", di origine greca, significa "vera" o "autentica".

510) **Lida:** Variante di "Letizia", di origine latina, significa "gioia" o "allegria".

511) **Lidia:** Di origine greca, significa "donna di Lidia" o "nativa di Lidia".

512) **Ligeia:** Di origine greca, potrebbe significare "chiara" o "brillante".

513) **Lilia:** Variante di "Lily", di origine latina, significa "giglio".

514) **Liliana:** Combinazione di "Lilia" e "Anna", potrebbe significare "graziosa come un giglio".

515) **Lina:** Variante di "Linda", di origine spagnola, significa "bella" o "dolce".

516) **Linda:** Di origine spagnola, significa "bella" o "dolce".

517) **Lisa:** Variante di "Elisabetta", di origine ebraica, significa "Dio è giuramento".

518) **Livia:** Variante di "Olivia", di origine latina, significa "olivo" o "simbolo di pace".

519) **Liviana:** Variante di "Livia", di origine latina, significa

"olivo" o "simbolo di pace".

520)   **Ljuba:** Di origine slava, significa "amore" o "affetto".

521)   **Lola:** Variante di "Dolores", di origine spagnola, significa "dolori" o "sofferenze".

522)   **Lora:** Variante di "Laura", di origine latina, significa "alloro" o "vittoriosa".

523)   **Loredana:** Di origine italiana, significa "corona d'oro".

524)   **Lorelayne:** Combinazione di "Lorena" e "Layne", potrebbe essere un nome creato in modo unico.

525)   **Loreley:** Di origine tedesca, potrebbe significare "roccia scivolosa" o "isola delle sirene".

526)   **Lorella:** Combinazione di "Lorena" e "Ella", potrebbe significare "corona d'oro" o "bella Lorena".

527)   **Lorena:** Di origine spagnola, significa "corona d'alloro" o "corona d'oro".

528)   **Lorenza:** Variante di "Lorena", di origine spagnola, significa "corona d'alloro" o "corona d'oro".

529)   **Loretta:** Variante di "Lorena", di origine spagnola, significa "corona d'alloro" o "corona d'oro".

530)   **Loriana:** Combinazione di "Lorena" e "Anna", potrebbe significare "corona d'oro" o "graziosa Lorena".

531)   **Lorita:** Variante di "Loreta", potrebbe essere una forma diminutiva di "Lorena".

532)   **Lority:** Combinazione di "Lorena" e "Unity", potrebbe essere un nome creato in modo unico.

533)   **Loryan:** Variante di "Lorien", potrebbe essere un nome creato in modo unico.

534)   **Luana:** Di origine hawaiana, significa "felice" o "contenta".

535)   **Luce:** Di origine latina, significa "luce" o "splendore".

536)   **Lucetta:** Variante di "Lucia", di origine latina,

significa "luce" o "splendore".

537) **Lucia:** Di origine latina, significa "luce" o "splendore".

538) **Lucina:** Variante di "Lucia", di origine latina, significa "luce" o "splendore".

539) **Lucilla:** Variante di "Lucia", di origine latina, significa "luce" o "splendore".

540) **Luciana:** Variante di "Lucia", di origine latina, significa "luce" o "splendore".

541) **Lucrezia:** Di origine latina, significa "guadagnare" o "lucro".

542) **Ludovica:** Variante femminile di "Ludovico", di origine germanica, significa "combattente gloriosa".

543) **Luigia:** Variante femminile di "Luigi", di origine germanica, significa "famosa in battaglia".

544) **Luigina:** Variante femminile di "Luigi", di origine germanica, significa "famosa in battaglia".

545) **Luisa:** Variante femminile di "Luigi", di origine germanica, significa "famosa in battaglia".

546) **Luisella:** Variante femminile di "Luigi", di origine germanica, significa "famosa in battaglia".

547) **Luna:** Di origine latina, significa "luna".

M

548) **Maddalena:** Di origine ebraica, significa "donna di Magdala" o "torre".

549) **Maela:** Di origine celtica, significa "principessa" o "sovrana".

550) **Mafalda:** Di origine germanica, significa "forza nel combattimento" o "forte in battaglia".

551) **Magda:** Variante di "Maddalena", di origine ebraica, significa "donna di Magdala" o "torre".

552) **Maia:** Di origine greca, significa "madre" o "grande".

553) **Maika:** Variante di "Maike", che è una forma abbreviata di "Maria" in alcune lingue.

554) **Maila:** Di origine finlandese, significa "graziosa" o "delicata".

555) **Maira:** Variante di "Myra", di origine greca, significa "profumo" o "dolce".

556) **Malvina:** Di origine scozzese, significa "principessa elfica" o "amica coraggiosa".

557) **Manila:** Di origine spagnola, potrebbe essere collegato a "mano" o "maniero".

558) **Manuela:** Variante femminile di "Manuel", di origine spagnola, significa "Dio è con noi".

559) **Mara:** Di origine ebraica, significa "amaro" o "triste".

560) **Marcella:** Variante femminile di "Marcello", di origine latina, significa "piccolo Marte" o "piccolo guerriero".

561) **Marea:** Di origine latina, significa "mare".

562) **Marella:** Di origine latina, potrebbe significare "marinaia" o "di mare".

563) **Mareta:** Variante di "Margherita", di origine greca, significa "perla".

564) **Margaret:** Di origine greca, significa "perla".

565) **Margherita:** Di origine greca, significa "perla".

566) **Maria:** Di origine ebraica, significa "amaro" o "triste".

567) **Maria Adele:** Combinazione di "Maria" e "Adele", potrebbe significare "amaro" o "nobile".

568) **Mariangela:** Combinazione di "Maria" e "Angela", potrebbe significare "amaro" o "angelo".

569) **Maria Antonietta:** Combinazione di "Maria" e "Antonietta", potrebbe significare "amaro" o "prezioso".

570) **Maria Chiara:** Combinazione di "Maria" e "Chiara", potrebbe significare "amaro" o "chiaro".

571) **Maria Assunta:** Combinazione di "Maria" e "Assunta", potrebbe significare "amaro" o "assunto al cielo".

572) **Maria Carla:** Combinazione di "Maria" e "Carla", potrebbe significare "amaro" o "forte".

573) **Maria Claudia:** Combinazione di "Maria" e "Claudia", potrebbe significare "amaro" o "zoppo".

574) **Maria Concetta:** Combinazione di "Maria" e "Concetta", potrebbe significare "amaro" o "pura".

575) **Maria Cristina:** Combinazione di "Maria" e "Cristina", potrebbe significare "amaro" o "consacrato a Cristo".

576) **Maria Elena:** Combinazione di "Maria" e "Elena", potrebbe significare "amaro" o "splendore".

577) **Maria Flavia:** Combinazione di "Maria" e "Flavia", potrebbe significare "amaro" o "bionda".

578) **Maria Francesca:** Combinazione di "Maria" e "Francesca", potrebbe significare "amaro" o "francese".

579) **Maria Giorgia:** Combinazione di "Maria" e "Giorgia", potrebbe significare "amaro" o "agricoltore".

580) **Maria Giulia:** Combinazione di "Maria" e "Giulia", potrebbe significare "amaro" o "giovane".

581) **Maria Giovanna:** Combinazione di "Maria" e "Giovanna", potrebbe significare "amaro" o "grazia di Dio".

582) **Maria Grazia:** Combinazione di "Maria" e "Grazia", potrebbe significare "amaro" o "grazia divina".

583) **Maria Italia:** Combinazione di "Maria" e "Italia", potrebbe significare "amaro" o "italiano".

584) **Maria Laura:** Combinazione di "Maria" e "Laura", potrebbe significare "amaro" o "alloro".

585) **Maria Lourdes:** Combinazione di "Maria" e "Lourdes", potrebbe significare "amaro" o "grotta".

586) **Maria Luce:** Combinazione di "Maria" e "Luce", potrebbe significare "amaro" o "luce".

587) **Maria Luisa:** Combinazione di "Maria" e "Luisa", potrebbe significare "amaro" o "guerriero glorioso".

588) **Marianeve:** Combinazione di "Maria" e "Eve", potrebbe significare "amaro" o "vivente".

589) **Marianita:** Combinazione di "Maria" e "Anita", potrebbe significare "amaro" o "graziata".

590) **Marianna:** Combinazione di "Maria" e "Anna", potrebbe significare "amaro" o "graziato".

591) **Maria Paola:** Combinazione di "Maria" e "Paola", potrebbe significare "amaro" o "piccola".

592) **Mariapia:** Combinazione di "Maria" e "Pia", potrebbe significare "amaro" o "pia".

593) **Maria Rita:** Combinazione di "Maria" e "Rita", potrebbe significare "amaro" o "perla".

594) **Mariasara:** Combinazione di "Maria" e "Sara", potrebbe significare "amaro" o "principessa".

595) **Mariasole:** Combinazione di "Maria" e "Sole", potrebbe significare "amaro" o "sole".

596) **Mariateresa:** Combinazione di "Maria" e "Teresa", potrebbe significare "amaro" o "colei che raccoglie".

597) **Marica:** Di origine latina, potrebbe significare "amaro" o "guerriero".

598) **Maria Vittoria:** Combinazione di "Maria" e "Vittoria", potrebbe significare "amaro" o "vittoriosa".

599) **Mariele:** Variante di "Mariella", di origine latina, significa "amaro" o "giovane".

600) **Mariella:** Combinazione di "Maria" e "Ella", potrebbe significare "amaro" o "giovane".

601) **Marieva:** Combinazione di "Maria" e "Eva", potrebbe significare "amaro" o "vivente".

602) **Marika:** Variante di "Maria", potrebbe significare "amaro" o "signora sovrana". **Marilena:** Combinazione di "Maria" e "Elena", potrebbe significare "amaro" o "luce splendente".

603) **Marilina:** Combinazione di "Maria" e "Lina", potrebbe significare "amaro" o "bella".

604) **Marilisa:** Combinazione di "Maria" e "Lisa", potrebbe significare "amaro" o "Dio ha giurato".

605) **Marilù:** Combinazione di "Maria" e "Luigia", potrebbe significare "amaro" o "famosa in battaglia".

606) **Marina:** Di origine latina, significa "di mare".

607) **Marinella:** Diminutivo di "Marina", significa "piccola di mare".

608) **Mariolina:** Combinazione di "Maria" e "Lina", potrebbe significare "amaro" o "bella".

609) **Marisa:** Variante di "Maria", potrebbe significare "amaro" o "signora sovrana".

610) **Marisel:** Combinazione di "Mari" e "Sel", potrebbe significare "amaro" o "celeste".

611) **Marisol:** Combinazione di "Mari" e "Sol", potrebbe significare "amaro" o "sole".

612) **Marissa:** Variante di "Marisa", potrebbe significare "amaro" o "signora sovrana".

613) **Maristella:** Combinazione di "Maria" e "Stella", potrebbe significare "amaro" o "stella marina".

614) **Mary:** Variante di "Maria", potrebbe significare "amaro" o "signora sovrana".

615) **Mary Kate:** Combinazione di "Mary" e "Kate", potrebbe significare "amaro" o "pura".

616) **Marylin:** Variante di "Marilyn", potrebbe essere una combinazione di "Mary" e "Lyn", significando "amaro" o "lago".

617) **Marta:** Di origine aramaica, significa "signora" o "padrona di casa".

618) **Martina:** Variante di "Marta", potrebbe significare "signora" o "piccola padrona di casa".

619) **Maruska:** Variante di "Maria", potrebbe significare "amaro" o "signora sovrana".

620) **Marzia:** Di origine latina, significa "maschia" o "virile".

621) **Mascha:** Variante di "Masha", diminutivo di "Maria", potrebbe significare "amaro" o "signora sovrana".

622) **Massimiliana:** Femminile di "Massimiliano", di origine latina, significa "il più grande".

623) **Matilda:** Di origine germanica, significa "forza nel combattimento" o "forte in battaglia".

624) **Matilde:** Variante di "Matilda", significa "forza nel combattimento" o "forte in battaglia".

625) **Mattea:** Variante di "Mattea", femminile di "Matteo",

significa "dono di Dio".

626)   **Maudia:** Variante di "Maud", di origine germanica, significa "forza nel combattimento" o "potente in battaglia".

627)   **Maura:** Di origine latina, significa "scura" o "bruna".

628)   **Maurica:** Variante di "Maura", di origine latina, significa "scura" o "bruna".

629)   **Maya:** Di origine sanscrita, significa "illusione" o "illusione magica".

630)   **Mecren:** Di origine sconosciuta, potrebbe essere un nome inventato o raro.

631)   **Melania:** Di origine greca, significa "nera" o "oscura".

632)   **Melissa:** Di origine greca, significa "ape".

633)   **Melita:** Di origine greca, significa "alveare" o "miele".

634)   **Melitta:** Variante di "Melita", di origine greca, significa "alveare" o "miele".

635)   **Megan:** Variante di "Margaret", di origine greca, significa "perla".

636)   **Mercedes:** Di origine spagnola, significa "misericordia".

637)   **Mia:** Di origine scandinava, significa "mia" o "mio".

638)   **Michela:** Variante di "Michele", di origine ebraica, significa "chi è come Dio?".

639)   **Micaela:** Variante di "Michela", di origine ebraica, significa "chi è come Dio?".

640)   **Michelle:** Variante femminile di "Michele", di origine ebraica, significa "chi è come Dio?".

641)   **Micol:** Variante di "Michel", di origine ebraica, significa "chi è come Dio?".

642)   **Mikol:** Variante di "Micol", di origine ebraica, significa "chi è come Dio?".

643)   **Mietta:** Di origine sconosciuta, potrebbe essere un

nome inventato o raro.

644)   **Mila:** Variante di "Milena", di origine slava, significa "amato" o "cara".

645)   **Milena:** Di origine slava, significa "amato" o "cara".

646)   **Milly:** Variante di "Milena", di origine slava, significa "amato" o "cara".

647)   **Milva:** Variante di "Milena", di origine slava, significa "amato" o "cara".

648)   **Milvia:** Variante di "Milena", di origine slava, significa "amato" o "cara".

649)   **Miriana:** Variante di "Miriam", di origine ebraica, significa "amaro" o "signora sovrana".

650)   **Mina:** Di origine tedesca, significa "piccola".

651)   **Miranda:** Di origine latina, significa "meravigliosa" o "ammirabile".

652)   **Mirka:** Variante di "Miranda", di origine latina, significa "meravigliosa" o "ammirabile".

653)   **Mirea:** Di origine incerta, potrebbe essere un nome inventato o raro.

654)   **Mirella:** Variante di "Miriam", di origine ebraica, significa "amaro" o "signora sovrana".

655)   **Miriam:** Di origine ebraica, significa "amaro" o "signora sovrana".

656)   **Mirna:** Di origine celtica, significa "marino" o "del mare".

657)   **Mirta:** Di origine latina, significa "mirto", un tipo di pianta.

658)   **Mirza:** Di origine persiana, significa "principe" o "signore".

659)   **Moana:** Di origine polinesiana, significa "oceano" o "mare".

660)	**Moira:** Di origine greca, significa "fato" o "destino".

661)	**Monia:** Variante di "Monica", di origine greca, significa "solitario" o "unica".

662)	**Monic:** Variante di "Monica", di origine greca, significa "solitario" o "unica".

663)	**Monica:** Di origine greca, significa "solitario" o "unica".

664)	**Morea:** Di origine greca, potrebbe essere legato a "Morèa", una regione in Grecia.

665)	**Morena:** Di origine latina, significa "bruna" o "scura".

666)	**Murielle:** Variante di "Muriel", di origine celtica, significa "luce" o "splendore".

667)	**Morgana:** Di origine celtica, significa "marino" o "del mare".

N

668) **Nabila:** Di origine araba, significa "nobile" o "eccellente".

669) **Nada:** Di origine araba, significa "delicata" o "tenera".

670) **Nadia:** Di origine russa, significa "speranza" o "desiderio".

671) **Naike:** Origine incerta, potrebbe essere un nome inventato o raro.

672) **Nancy:** Di origine inglese, è una variante di "Ann", che significa "piena di grazia".

673) **Naomi:** Di origine ebraica, significa "piena di grazia" o "gradevole".

674) **Nara:** Di origine sanscrita, significa "uomo" o "gente".

675) **Natalia:** Di origine latina, significa "nato a Natale".

676) **Natalina:** Variante di "Natalia", significa "nato a Natale".

677) **Natascia:** Variante di "Anastasia", di origine greca, significa "risorto" o "rigenerato".

678) **Nausica:** Di origine greca, potrebbe significare "velocità della nave" o essere legato a un personaggio mitologico.

679) **Nayade:** Di origine greca, significa "ninfa delle acque".

680) **Neide:** Origine incerta, potrebbe essere un nome inventato o raro.

681) **Nelida:** Di origine greca, significa "verde" o "giovanile".

682) **Nella:** Variante di "Eleonora", di origine greca, significa "luce" o "splendore".

683) **Nereide:** Di origine greca, significa "ninfa del mare".

684) **Nerina:** Di origine latina, significa "nera" o "bruna".

685) **Niche:** Di origine greca, significa "vittoriosa" o "vincitrice".

686) **Nicla:** Variante di "Nicole", di origine greca, significa "vittoria del popolo".

687) **Nicole:** Di origine greca, significa "vittoria del popolo".

688) **Nicoletta:** Variante di "Nicole", di origine greca, significa "vittoria del popolo".

689) **Nilde:** Variante di "Nilda", potrebbe essere un diminutivo di "Brunilde" o avere un'origine incerta.

690) **Nilla:** Variante di "Nilda", potrebbe essere un diminutivo di "Brunilde" o avere un'origine incerta.

691) **Nina:** Di origine spagnola, significa "bambina" o "piccola".

692) **Ninfa:** Di origine greca, significa "fanciulla" o "ninfa".

693) **Niva:** Origine incerta, potrebbe essere un nome inventato o raro.

694) **Nivea:** Di origine latina, significa "bianco" o "neve".

695) **Nives:** Di origine latina, significa "bianco" o "neve".

696) **Noa:** Di origine ebraica, significa "riposo" o "conforto".

697) **Noela:** Variante di "Noëlle", di origine francese, significa "nata a Natale".

698) **Noemi:** Di origine ebraica, significa "piena di grazia" o "deliziosa".

699) **Nora:** Di origine irlandese, significa "onorata" o "rispettabile".

700) **Noriko:** Di origine giapponese, significa "bambina di

legge" o "bambina di principio".

701)   **Norma:** Di origine latina, significa "norma" o "regola".

702)   **Noruena:** Origine incerta, potrebbe essere un nome inventato o raro.

703)   **Nuccia:** Variante di "Giovanna", significa "Dio è misericordioso".

704)   **Numa:** Di origine latina, significa "piena di grazia" o "deliziosa".

705)   **Nunzia:** Variante di "Giovanna", significa "Dio è misericordioso".

706)   **Nuvola:** Di origine italiana, significa "nuvola".

O

707)　　　**Oakeysi:** Origine incerta, potrebbe essere un nome inventato o raro.

708)　　　**Odessa:** Di origine greca, significa "l'odissea" o "viaggio".

709)　　　**Ofelia:** Di origine greca, significa "aiuto" o "utile".

710)　　　**Oletta:** Di origine latina, potrebbe essere un diminutivo di "Olga" o avere un'origine incerta.

711)　　　**Olga:** Di origine norvegese, significa "santa" o "benedetta".

712)　　　**Olimpia:** Di origine greca, significa "dall'Olimpo" o "celeste".

713)　　　**Olivia:** Di origine latina, significa "olivo" o "simbolo di pace".

714)　　　**Ombretta:** Di origine latina, significa "ombra" o "ombrosa".

715)　　　**Onesta:** Di origine latina, significa "onestà" o "integrità".

716)　　　**Onorata:** Di origine latina, significa "onorata" o "rispettabile".

717)　　　**Onorina:** Variante di "Onorata", di origine latina, significa "onorata" o "rispettabile".

718)　　　**Oretta:** Variante di "Aurelia", di origine latina, significa "dorata" o "luccicante".

719)　　　**Oriana:** Di origine latina, significa "dorata" o "luccicante".

720) **Oriella:** Variante di "Oriana", di origine latina, significa "dorata" o "luccicante".

721) **Orietta:** Variante di "Oriana", di origine latina, significa "dorata" o "luccicante".

722) **Ornella:** Di origine latina, significa "ornamento" o "gioiello".

723) **Orsola:** Di origine latina, significa "orso" o "piccola orsa".

724) **Ortensia:** Di origine latina, significa "ortensia" o "fiore del giardino".

725) **Ottavia:** Di origine latina, significa "ottava" o "ottava figlia".

P

726)   **Pamela:** Di origine greca, significa "dolce" o "miele dolce".

727)   **Palma:** Di origine latina, significa "palma" o "vittoria".

728)   **Palmira:** Di origine latina, significa "palma" o "vittoria".

729)   **Paola:** Di origine latina, significa "piccola" o "umile".

730)   **Patrizia:** Di origine latina, significa "nobile" o "appartenente alla nobiltà".

731)   **Penelope:** Di origine greca, significa "tessitrice" o "colui che scioglie i fili".

732)   **Perla:** Di origine latina, significa "perla" o "gioiello prezioso".

733)   **Pernilla:** Di origine svedese, è una variante di "Petronilla", derivato da "Pietro" che significa "roccia" o "pietra".

734)   **Petra:** Di origine greca, significa "roccia" o "pietra".

735)   **Phoebe:** Di origine greca, significa "radiante" o "luminosa".

736)   **Pia:** Di origine latina, significa "pia" o "devota".

737)   **Piccarda:** Di origine latina, significa "piccola" o "umile".

738)   **Piera:** Variante di "Pietra", di origine latina, significa "roccia" o "pietra".

739)   **Pierangela:** Combinazione di "Pietra" e "Angela", con significati di "roccia" e "angelo".

740)   **Pina:** Di origine latina, significa "pino" o "abete".

741)   **Pinuccia:** Diminutivo affettuoso di "Pina", significa "piccola pina" o "piccolo abete".

742)   **Porzia:** Di origine latina, significa "porcina" o "relativa ai maiali".

743)   **Prisca:** Di origine latina, significa "antica" o "antica saggezza".

744)   **Priscilla:** Di origine latina, significa "antica" o "antica saggezza".

745)   **Providenza:** Di origine latina, significa "providenza" o "cura divina".

746)   **Pulcheria:** Di origine greca, significa "bella" o "attraente".

Q

747) **Quintina:** Femminile di "Quintino", significa "quinta" o "la quinta nata".

748) **Quinzia:** Variante di "Quintina", significa "quinta" o "la quinta nata".

R

749) **Rachele:** Di origine ebraica, significa "pecora" o "agnella".

750) **Raffaella:** Di origine ebraica, significa "Dio ha guarito" o "Dio ha reso sano".

751) **Raika:** Origine incerta, potrebbe essere un nome inventato o raro.

752) **Raissa:** Variante di "Raisa", di origine russa, significa "facilitatrice" o "facilitatrice del viaggio".

753) **Ramona:** Di origine germanica, significa "protettrice" o "consigliera".

754) **Rebecca:** Di origine ebraica, significa "colui che attacca" o "colui che vinse".

755) **Redenta:** Di origine latina, significa "redenta" o "liberata".

756) **Redia:** Origine incerta, potrebbe essere un nome inventato o raro.

757) **Regina:** Di origine latina, significa "regina" o "sovrana".

758) **Renata:** Di origine latina, significa "rinata" o "nata di nuovo".

759) **Renza:** Variante di "Renata", di origine latina, significa "rinata" o "nata di nuovo".

760) **Rina:** Variante di "Caterina", di origine greca, significa "pura" o "casta".

761) **Rita:** Di origine greca, significa "perla" o "margarita".

762) **Roberta:** Femminile di "Roberto", di origine germanica, significa "brillante" o "famosa per la sua fama".

763) **Rocca:** Di origine germanica, significa "fortezza" o "roccaforte".

764) **Rolita:** Variante di "Rosa", di origine latina, significa "rosa" o "fiore".

765) **Romana:** Di origine latina, significa "romana" o "abitante di Roma".

766) **Romina:** Combinazione di "Roma" e "ina", significa "piccola romana".

767) **Rosa:** Di origine latina, significa "rosa" o "fiore".

768) **Rosalba:** Combinazione di "rosa" e "alba", significa "rosa bianca".

769) **Rosalia:** Combinazione di "rosa" e "lia", significa "rosa celeste".

770) **Rosalinda:** Combinazione di "rosa" e "linda", significa "rosa bella" o "bella come una rosa".

771) **Rosamaria:** Combinazione di "rosa" e "Maria", significa "rosa di Maria".

772) **Rosangela:** Combinazione di "rosa" e "Angela", significa "rosa angelica".

773) **Rosanna:** Combinazione di "rosa" e "Anna", significa "rosa graziosa".

774) **Rosaria:** Combinazione di "rosa" e "aria", significa "rosa dell'aria" o "rosa dell'alba".

775) **Roselda:** Variante di "Rosamaria", combinazione di "rosa" e "Elda".

776) **Roselina:** Variante di "Roselinda", combinazione di "rosa" e "linda".

777) **Rosella:** Diminutivo di "Rosa", significa "piccola rosa".

778) **Rosetta:** Diminutivo di "Rosa", significa "piccola rosa".

779)	**Rosina:** Diminutivo di "Rosa", significa "piccola rosa".

780)	**Rosita:** Diminutivo di "Rosa", significa "piccola rosa".

781)	**Rosmara:** Combinazione di "rosa" e "mara", significa "rosa amara" o "amara come una rosa".

782)	**Rosmunda:** Variante di "Rosamunda", combinazione di "rosa" e "munda", significa "rosa protettiva" o "protettrice come una rosa".

783)	**Rossana:** Combinazione di "rosa" e "sana", significa "rosa sana".

784)	**Rossella:** Diminutivo di "Rosa", significa "piccola rosa".

785)	**Rosy:** Diminutivo di "Rosa", significa "piccola rosa".

786)	**Ruth:** Di origine ebraica, significa "compagnia" o "amico".

S

787)   **Sabina:** Di origine latina, significa "sabino" o "donna dei Sabini".

788)   **Sabrina:** Di origine celtica, significa "principessa" o "donna dal fiume Severn".

789)   **Salomè:** Di origine ebraica, significa "pace".

790)   **Samanta:** Variante di "Samantha", di origine aramaica, significa "ascoltata da Dio".

791)   **Samia:** Di origine araba, significa "alto, sublime" o "celeste".

792)   **Samira:** Di origine araba, significa "compagnia in serata" o "compagna durante la notte".

793)   **Samoa:** Potrebbe essere un nome ispirato all'isola del Pacifico, ma la sua origine specifica potrebbe variare.

794)   **Sandra:** Variante di "Alessandra", di origine greca, significa "difensore dell'uomo".

795)   **Sandy:** Variante di "Sandra", significa "difensore dell'uomo".

796)   **Santa:** Di origine latina, significa "santa" o "consacrata a Dio".

797)   **Sara:** Di origine ebraica, significa "principessa" o "donna principesca".

798)   **Sarah:** Variante di "Sara", di origine ebraica, significa "principessa" o "donna principesca".

799)   **Sarita:** Variante affettuosa di "Sara", significa "piccola principessa".

800) **Sasha:** Variante di "Alexandra" o "Alessandra", significa "difensore dell'uomo".

801) **Saviana:** Di origine latina, potrebbe derivare da "Sabina", significando "donna dei Sabini".

802) **Sebastiana:** Femminile di "Sebastiano", di origine greca, significa "venerato" o "onorevole".

803) **Sefora:** Di origine ebraica, significa "uccello" o "piuma".

804) **Selene:** Nella mitologia greca, Selene è la dea della Luna.

805) **Selvaggia:** Significa "selvaggia", "indomita" o "libera".

806) **Senia:** Di origine sarda, potrebbe essere correlato a "Xenia", significando "straniero" o "ospite".

807) **Serafina:** Di origine ebraica, significa "ardente" o "infuocato".

808) **Serena:** Di origine latina, significa "serena" o "calma".

809) **Serenella:** Diminutivo di "Serena", significa "piccola Serena".

810) **Severina:** Femminile di "Severino", di origine latina, significa "rigido" o "severo".

811) **Shaira:** Di origine araba, significa "poesia" o "musica".

812) **Shalaba:** Origine incerta, potrebbe essere un nome raro o inventato.

813) **Shana:** Di origine irlandese, significa "vecchio" o "antico".

814) **Sharon:** Di origine ebraica, significa "pianura" o "campo".

815) **Sheila:** Di origine irlandese, significa "ceppo" o "discendente di".

816) **Shirley:** Di origine inglese, significa "prato luminoso" o "radura luminosa".

817) **Sibilla:** Nella mitologia romana, le Sibille erano donne profetesse.

818) **Silvana:** Di origine latina, significa "donna dei boschi" o "donna selvaggia".

819) **Silvia:** Di origine latina, significa "selvaggia" o "donna dei boschi".

820) **Simona:** Femminile di "Simone", di origine ebraica, significa "ascoltato da Dio".

821) **Siria:** Riferito alla regione geografica o al paese, situato nel Medio Oriente.

822) **Smeralda:** Di origine latina, significa "smaragdo" o "verde brillante".

823) **Smilla:** Potrebbe essere un nome raro o inventato.

824) **Soave:** Significa "delicato" o "gentile".

825) **Sofia:** Di origine greca, significa "saggezza" o "santa saggezza".

826) **Soili:** Di origine finlandese, significa "sole".

827) **Soledad:** Di origine spagnola, significa "solitudine".

828) **Sondra:** Variante di "Sandra", significa "difensore dell'uomo".

829) **Sonia:** Variante di "Sophia", di origine greca, significa "saggezza" o "santa saggezza".

830) **Soriana:** Potrebbe essere un nome raro o inventato.

831) **Sophie:** Variante di "Sofia", di origine greca, significa "saggezza" o "santa saggezza".

832) **Sveva:** Di origine germanica, significa "figlia della spada" o "combattente".

833) **Swami:** Di origine sanscrita, significa "signore" o "maestro spirituale".

834) **Suelo:** Potrebbe essere un nome raro o inventato.

T

835) **Taide:** Di origine greca, significa "che si sta cercando" o "che cerca".

836) **Tamara:** Di origine ebraica, significa "palma" o "albero di palma".

837) **Tania:** Variante di "Tatiana", di origine russa, significa "regina" o "principessa".

838) **Tara:** Di origine irlandese, significa "collina" o "altura".

839) **Tatiana:** Di origine russa, significa "regina" o "principessa".

840) **Tecla:** Di origine greca, significa "onore di Dio" o "gloria di Dio".

841) **Teodora:** Di origine greca, significa "dono di Dio" o "Dio è il mio dono".

842) **Terenzia:** Femminile di "Terenzio", di origine latina, significa "abitate" o "abbandonate".

843) **Teresa:** Di origine spagnola, significa "raccoglitore di grano" o "cacciatore".

844) **Tersilla:** Di origine latina, potrebbe derivare da "tertius", che significa "terzo".

845) **Tessa:** Di origine greca, significa "raccoglitore di grano" o "cacciatore".

846) **Thea:** Di origine greca, significa "dea" o "divinità".

847) **Tilde:** Di origine tedesca, significa "battaglia" o "combattente".

848)   **Tina:** Diminutivo di "Agatina" o "Albertina", significa "piccola" o "giovane".

849)   **Tisbe:** Nella mitologia greca, Tisbe è una ragazza amata da Piramo.

850)   **Tiziana:** Di origine latina, significa "dal modo di Tizio" o "appartenente a Tizio".

851)   **Tommasina:** Femminile di "Tommaso", di origine aramaica, significa "gemello".

852)   **Tonia:** Variante di "Antonia", di origine latina, significa "inestimabile" o "preziosa".

853)   **Tosca:** Di origine italiana, potrebbe derivare da un termine che significa "nobile" o "illustre".

854)   **Tristana:** Di origine latina, significa "triste" o "afflitta".

855)   **Tullia:** Femminile di "Tullio", di origine latina, significa "che appartiene alla gens Tullia".

U

856) **Ubalda:** Di origine germanica, significa "coraggiosa" o "audace".

857) **Ulderica:** Di origine germanica, significa "signora dell'esercito" o "regina".

858) **Ulrica:** Di origine germanica, significa "regina del potere" o "potente signora".

859) **Uma:** Di origine sanscrita, significa "splendore" o "luce".

860) **Umberta:** Di origine germanica, significa "signora della casa" o "signora degli uomini".

861) **Ursula:** Di origine latina, significa "piccola orsa".

V

862) **Valenia:** Forma elaborata di "Valentina", significato simile a "forte" o "salutare".

863) **Valentina:** Femminile di "Valentino", significa "forte", "coraggiosa" o "salutare".

864) **Valeria:** Di origine latina, significa "forte" o "coraggiosa".

865) **Vanda:** Di origine slava, significa "avvolgente" o "che circonda".

866) **Vanessa:** Nome inventato da Jonathan Swift per uno dei personaggi del suo poema "Cadenus and Vanessa".

867) **Vania:** Variante di "Vanessa", con significato simile a "farfalla".

868) **Vanna:** Di origine latina, significa "graziosa" o "elegante".

869) **Velia:** Di origine greca, significa "velo" o "copertura".

870) **Venera:** Dal latino "Venus", il nome della dea dell'amore.

871) **Venere:** Dal latino "Venus", il nome della dea dell'amore.

872) **Venerita:** Significa "venerata" o "rispettata".

873) **Vera:** Di origine russa, significa "vera" o "autentica".

874) **Verena:** Di origine latina, significa "che porta la primavera" o "verdant".

875) **Veridiana:** Di origine latina, significa "verde" o "che porta la primavera".

876) **Veronica:** Di origine greca, significa "portatrice di vittoria".

877) **Veruska:** Variante di "Veronica", significa "portatrice di vittoria".

878) **Vesna:** Di origine slava, significa "primavera".

879) **Vienna:** Il nome della capitale dell'Austria.

880) **Vilia:** Di origine latina, significa "che si presenta come un giovane uccello".

881) **Vilma:** Di origine germanica, significa "protettrice determinata".

882) **Vincenza:** Forma femminile di "Vincenzo", significa "vincitore" o "che conquista".

883) **Viola:** Nome di un fiore, derivato dal latino "violetta".

884) **Violaine:** Forma francese di "Viola", significa "viola".

885) **Violante:** Forma italiana di "Viola", significa "viola".

886) **Violantina:** Forma diminutiva di "Viola", significa "piccola viola".

887) **Violetta:** Forma italiana di "Viola", significa "viola".

888) **Virginia:** Di origine latina, significa "vergine" o "pura".

889) **Virna:** Nome inventato, senza un significato specifico.

890) **Vita:** Di origine latina, significa "vita".

891) **Vitalba:** Di origine latina, significa "viticcio" o "pianta rampicante".

892) **Vitalia:** Di origine latina, significa "viva" o "vigorosa".

893) **Vittoria:** Di origine latina, significa "vittoria".

894) **Viviana:** Di origine latina, significa "viva" o "piena di vita".

W

895) **Wanda:** Di origine slava, significa "viandante" o "errante".

896) **Wendy:** Nome inventato da J.M. Barrie per il personaggio di "Peter Pan".

897) **Wilma:** Di origine germanica, significa "protettrice decisa".

898) **Winona:** Di origine sioux, significa "prima nata" o "prima figlia".

X

899)   **Xena:** Nome inventato, ma spesso associato al personaggio principale della serie televisiva "Xena - Principessa guerriera".

900)   **Xenia:** Di origine greca, significa "ospitalità" o "accoglienza".

Y

901) **Yasmine:** Variante di "Jasmine", nome di origine persiana, significa "fiore di gelsomino".

902) **Yara:** Di origine araba, significa "farfalla" o "piccola farfalla".

903) **Ylenia:** Di origine greca, significa "luce del sole".

904) **Yoyce:** Variante di "Joyce", di origine irlandese, significa "gioia".

905) **Yvonne:** Di origine francese, significa "freccia di tasso" o "arciera".

Z

906) **Zabry:** Nome inventato, senza un significato specifico.

907) **Zaira:** Di origine araba, significa "principessa" o "fiore".

908) **Zara:** Di origine araba, significa "principessa" o "fiore".

909) **Zelda:** Di origine germanica, significa "grigio" o "combattente".

910) **Zelia:** Di origine greca, significa "luce del cielo".

911) **Zelida:** Di origine greca, significa "che brilla" o "luce".

912) **Zelinda:** Forma italiana di "Celandine", un fiore giallo primaverile.

913) **Zeudi:** Variante di "Zeudi Araya", nome eritreo che significa "buona fortuna".

914) **Zita:** Di origine greca, significa "la cercatrice".

915) **Zoe:** Di origine greca, significa "vita".

916) **Zoia:** Variante di "Zoe", significa "vita".

917) **Zulejka:** Di origine araba, significa "bella" o "bella fata".

CLASSIFICA 10 NOMI MASCHILI E FEMMINILI PER IL 2024

Nomi Maschili:

1. Leonardo:

Etimologia e Significato: Derivato dal termine germanico "leon" (leone) e "hard" (forte), Leonardo significa "forte come un leone". È un nome classico che ha radici profonde nella storia e nell'arte, portato da figure illustri come Leonardo da Vinci, il genio rinascimentale noto per le sue opere d'arte e le sue invenzioni.

2. Matteo:

Etimologia e Significato: Di origine ebraica, Matteo deriva da "Matityahu" e significa "dono di Dio". È un nome biblico, appartenente a uno degli apostoli, e continua a essere popolare in tutto il mondo. Matteo rappresenta una connessione con la spiritualità e l'importanza di un dono prezioso.

3. Gabriele:

Etimologia e Significato: Di origine ebraica, Gabriele significa "Dio è il mio potere" o "Dio è il mio eroe". È un nome angelico, portato dall'arcangelo Gabriele nella tradizione biblica. La sua presenza si estende anche nell'Islam. Il nome riflette forza spirituale e protezione divina.

4. Francesco:

Etimologia e Significato: Di origine latina, Francesco significa "il piccolo francese" o "libero". È un nome legato a San Francesco d'Assisi, un'icona religiosa con una profonda connessione con la natura e la compassione. Francesco simboleggia umiltà, amore per la vita e dedizione alla spiritualità.

5. **Alessandro:**

Etimologia e Significato: Di origine greca, Alessandro significa "protettore dell'uomo" o "difensore del popolo". È un nome con una lunga storia di figure storiche potenti, inclusi imperatori e re. Alessandro Magno, il famoso condottiero macedone, è un esempio illustre. Il nome rappresenta leadership e forza.

6. **Luca:**

Etimologia e Significato: Di origine latina, Luca significa "luminoso" o "portatore di luce". È un nome con radici evangeliche, appartenente a uno degli autori del Vangelo. Luca rappresenta la chiarezza, la conoscenza e la gentilezza.

7. **Gabriel:**

Etimologia e Significato: Simile a Gabriele, il nome Gabriel ha origini ebraiche e significa "Dio è il mio potere" o "forza di Dio". È un nome con una forte connessione angelica e spirituale, spesso scelto per la sua eleganza e significato ispiratore.

8. **Nicolò:**

Etimologia e Significato: Variante italiana di Nicola, Nicolò ha radici greche e significa "vittoria del popolo". È un nome classico con una nota di regalità. Personalità storiche come San Nicolò sono associati alla generosità e alla compassione.

9. **Marco:**

Etimologia e Significato: Di origine latina, Marco significa "marchio" o "guerriero". È un nome forte e atemporale, spesso associato a figure storiche di grande influenza come Marco Aurelio. Marco rappresenta leadership, determinazione e resilienza.

10. **Emanuele:**

Etimologia e Significato: Derivato dall'ebraico "Immanuel", Emanuele significa "Dio è con noi". È un nome che trasmette una profonda connessione spirituale e una presenza divina costante. Personalità come il re Emanuele II d'Italia portano una nota di grandezza storica al nome.

Nomi Femminili:

1. **Alessia:**

Etimologia e Significato: Un derivato di Alessandro, Alessia significa "difensore dell'uomo" o "protettrice del popolo". È un nome dolce e forte, con una combinazione di grazia e forza. Alessia è spesso associata a donne determinate e coraggiose.

2. **Giulia:**

Etimologia e Significato: Di origine latina, Giulia significa "giovane" o "giovanile". È un nome classico che riflette eleganza e femminilità. Giulia è associata a figure storiche e nobili, portando con sé un senso di raffinatezza.

3. **Isabella:**

Etimologia e Significato: Variante di Elisabetta, Isabella significa "consacrata a Dio" o "promessa divina". È un nome regale che è stato portato da regine e principesse. Isabella rappresenta la grazia, la nobiltà e la devozione.

4. **Sophia:**

Etimologia e Significato: Di origine greca, Sophia significa "saggezza". È un nome elegante e senza tempo che è diventato molto popolare in tutto il mondo. Sophia incarna la bellezza interiore e la saggezza.

5. **Emma:**

Etimologia e Significato: Di origine germanica, Emma significa "intera" o "universale". È un nome che ha reso omaggio a regine e figure nobili. Emma è associata a donne di forza e grazia.

6. **Caterina:**

Etimologia e Significato: Di origine greca, Caterina significa "pura" o "casta". È un nome che trasmette una combinazione di purezza e forza. Caterina da Siena, una santa e dottoressa della Chiesa, è una delle personalità storiche notevoli con questo nome.

7. **Eleonora:**

Etimologia e Significato: Di origine greca, Eleonora significa "luce splendente" o "splendore di Dio". È un nome di grande eleganza e nobiltà, associato a regine e imperatrici. Eleonora rappresenta raffinatezza e nobiltà.

8. **Valentina:**

Etimologia e Significato: Di origine latina, Valentina significa "forte" o "coraggiosa". È un nome che trasmette una nota di determinazione e forza interiore. Valentina è associata a donne di carattere e resilienza.

9. **Aurora:**

Etimologia e Significato: Nel mito romano, Aurora è la dea dell'alba. Il nome significa "alba" o "luce del mattino". È un nome poetico e suggestivo, rappresentante di nuovi inizi e speranza.

10. **Livia:**

Etimologia e Significato: Di origine latina, Livia significa "di colore blu" o "pura". È un nome che riflette grazia e purezza. Livia è stato il nome di una delle donne più influenti dell'antica Roma, l'imperatrice moglie di Augusto.

10 COSE CHE NON SAPEVI

1. La Poesia Nascosta di Ginevra: Il nome Ginevra, di origini celtiche, è spesso associato alla regina del mitico Re Artù. Tuttavia, pochi sanno che Ginevra è anche il titolo di una poesia scritta da Percy Bysshe Shelley nel 1822, dedicata alla moglie Mary Shelley, autrice di Frankenstein.

2. Il Richiamo Marittimo di Nereide: Nereide, nome femminile di origine greca, era comunemente attribuito alle ninfe marine nella mitologia greca. Questo nome evoca la bellezza e la forza delle creature marine, simbolo di grazia e mistero.

3. Il Linguaggio Segreto di Eulalia: Eulalia, con radici in lingua greca, significa "bene parlante" o "chi parla bene". Tuttavia, pochi sanno che Santa Eulalia è una martire spagnola del III secolo, e il suo nome è spesso associato al linguaggio degli uccelli, secondo la tradizione popolare.

4. Il Mistero di Giotto: Giotto è un nome italiano con radici medievali, ma molti non conoscono la connessione con il celebre pittore e architetto italiano Giotto di Bondone, uno dei pionieri del Rinascimento.

5. L'Incanto di Selvaggia: Selvaggia, un nome italiano che evoca un senso di natura selvaggia e indomabile. Questo nome è anche legato a Selvaggia degli Ubaldini, figura storica e poetessa italiana del XIII secolo.

6. Il Fascino Antico di Remigio: Remigio, di origine latina, significa "reinventato" o "ricostruito". Pochi sanno che San

Remigio è stato un vescovo che battezzò il re franco Clodoveo, un episodio cruciale nell'evangelizzazione della Francia.

7. La Grazia Astronomica di Titania: Titania, nome di origine letteraria derivato dalla regina delle fate di Shakespeare in "Sogno di una notte di mezza estate". Tuttavia, pochi conoscono che Titania è anche uno dei satelliti di Urano, scoperto nel 1787.

8. Il Richiamo Musicale di Crescenzia: Crescenzia, nome che suona come una melodia, è associato a Santa Crescenzia, martire romana del IV secolo. Inoltre, il termine "crescendo" in italiano è utilizzato in musica per indicare un graduale aumento di intensità.

9. La Forza Mitologica di Talos: Talos, di origine greca, è il nome di un gigante di bronzo della mitologia greca. Meno noto è il fatto che Talos è anche un satellite naturale di Giove, scoperto solo nel 2001.

10. L'Eleganza di Eudossia: Eudossia, di origine greca, significa "buona sorte" o "benedizione". Tuttavia, pochi sanno che Eudossia è stato anche il nome di numerose imperatrici bizantine, portatrici di un'eredità di eleganza e potere.